町中華探検隊がゆく！

町中華探検隊 著

交通新聞社

PROLOGUE

特別じゃないけど大事なもの

町中華探検隊 隊長　北尾トロ

町中華探検隊を名乗っていると、やたらと店に詳しいとか、味にうるさいと思われがちだ。「おいしい町中華ベスト3はどこ?」とランク付けを求められることもある。そんなとき、僕はいつも口ごもってしまう。え、町中華にまでおいしさを求めるの? 名店の基準は味だけじゃないでしょ、と。

じゃあ何なのか。その答えは難しい。町中華は戦後の混乱期、安くてパワーのある食べ物としてラーメンが人気になったことを契機に発生した昭和の食文化のひとつ。戦前から飲食店をやっていたところだけではなく、上京して一旗揚げようと目論んだ人たちや、満州帰りの人たちなどが日々の糧を得るために開いた店がルーツと考えられる。

昭和30年代に入ると化学調味料ブームも追い風となり、町中華らしい味やメニューが整い始める。全盛期は、高度成長期から1980年代のバブル期にかけて。都市部だけではなく地方にも、住宅地にもロードサイドにも進出。客が求めるとあれば中華にこだわらず和食や洋食も取り込んで独自の進化を遂げた。

しかし、現状はキビしい。チェーン店の台頭や店主の高齢化、食の好みの多様化でその姿が急速に減りつつあるのだ。逆に言えば、いまも元気に営業している店は、どこかにストロングポイントを隠し持っているはず。僕たちはそのポイントが知りたくて、宝探しのように街を歩いている。

探検隊のメンバーを見ても、店の歴史にこだわる人、コスパ追求派、大盛り店愛好家、個性的なメニューを探す人、店主の人柄重視、外観や内装のイイ店を探している人など、それぞれ探索ポイントが違っている。自分なりのアングルを発見し、当たり外れがあるのは承知の上で、味だけではない何かを探していると言ってもいい。本書は、ここぞと思う店を訪ね歩いた旅の記録のようなものだ。

冒頭の質問に話を戻そう。ベスト3を尋ねられた僕の返事はこうだ。

「暮らしている街で、ついつい入ってしまう町中華があるなら、そこがその人にとっての名店です」

ちょっとした街なら、中華屋が何軒かあるものだが、行く店は自然に決まってくる。僕は東京の西荻窪に長く暮らしたが、足を運ぶのはせいぜい数店にすぎなかった。北口にいるときは『丸幸』だし、南口なら『八龍』。たまに散歩がてら『大宮飯店』に行く程度だ。旨いのか、お気に入りなのか。まぁそうだ。でも東京ベスト3なんて考えたことがない。空腹を感じたとき、自然に足が向くのだ。

もっとも回数が多いのは『丸幸』だったが理由はひとつしかない。駅からの帰り道にあるからだ。通うというより吸い込まれる感覚。スポーツ新聞を読みながら定食を食べてサッと出る。うん、満腹だ。旨かった。家へ着く頃にはどんな味だったか思い出せないけれど、その満足感を頼りに、しばらくするとフラフラとまた行ってしまう。

町中華はみんなの暮らしと共にあり、日常の一部だ。本書から〝特別じゃないけど大事なもの〟を感じてもらえたら、探検隊としてこんなにうれしいことはない。

CONTENTS

目次

2章 町中華密集地帯を歩く

3章

町中華のメニューを研究する

4章

町中華をディープに楽しむ

※本書は月刊『散歩の達人』の連載「町中華探検隊がゆく!」（2015年9月号〜2018年12月号）に加筆・修正したものです。記載されている内容は、2019年1月現在のものです。料金は税込み金額です。休日は原則として定休日を表記しています。GW、お盆、年末年始などは休日や営業時間が変更になる場合がありますので、各店にご確認ください。

「町中華」とは？

主に昭和のころに創業し、戦後の高度経済成長期にかけて続々と増えた大衆的な中華食堂。本場の「中国料理」とは異なり、メニューにはカツ丼、オムライス、カレーライスなど中華以外の料理が並ぶこともしばしば。ほとんどが個人経営で、兄弟親戚や弟子、同郷出身者へののれん分けで広まった屋号も多い。

町中華探検隊

2014年、店主の高齢化や街の再開発などで失われていく町中華の現状を憂える北尾トロ・下関マグロが、町中華について考え、記録する「町中華探検隊」を結成。ライター、カメラマン、イラストレーター、会社員などさまざまな町中華好きが集まり、メンバーは現在80名超。月刊『散歩の達人』では2015年９月号から、北尾トロ、下関マグロ、半澤則吉、増山かおり、カメラマン・山出高士の隊員５名による連載「町中華探検隊がゆく！」にて、数々の町中華を取材してきた。

半澤則吉

2015年、家が近いという理由で『散歩の達人』荻窪特集の町中華探検隊の取材を勝手に見学。その場で隊に加入。定番料理から飲み方まで広く研究。

下関マグロ

副長。高円寺の「大陸」という町中華が閉店したことからトロとともに町中華を訪れる活動を開始。珍メニューやオリジナルメニューがあれば必ず注文する。

北尾トロ

隊長。消えつつある町中華の、風景に溶け込んだ姿を見るたびに感銘を受け、心の中で手を合わせる。流行っている理由がわからない店が好き。

山出高士

本編撮影担当。日本で一番、町中華の厨房に立ち入ったカメラマンと自負。餃子＋瓶ビールで始めて、餡かけ焼きそば＋レモンハイで締めるのが至福。

増山かおり

町中華に目覚めたきっかけは、荻窪『中華徳大』と高円寺にあった「味二番」。歴史の残る建物や町中華オヤジLOVE。本書の座談会構成を担当。食欲旺盛。

ようこそ、町中華の世界へ

なぜ定休日が金曜なのか。そのワケに一同笑って納得の『今むら』(P.36)。住宅地に突如現れるこの戸を開け、店主夫妻と過ごすゆる〜い時間に身を委ねよう。

『丸長』(P.20)の奥の小上がりから見るパノラマ。開店前の静けさに耳をすませば、店主自慢のだしの香りに乗せて、高度経済成長期の歴史が再現されるかのよう。

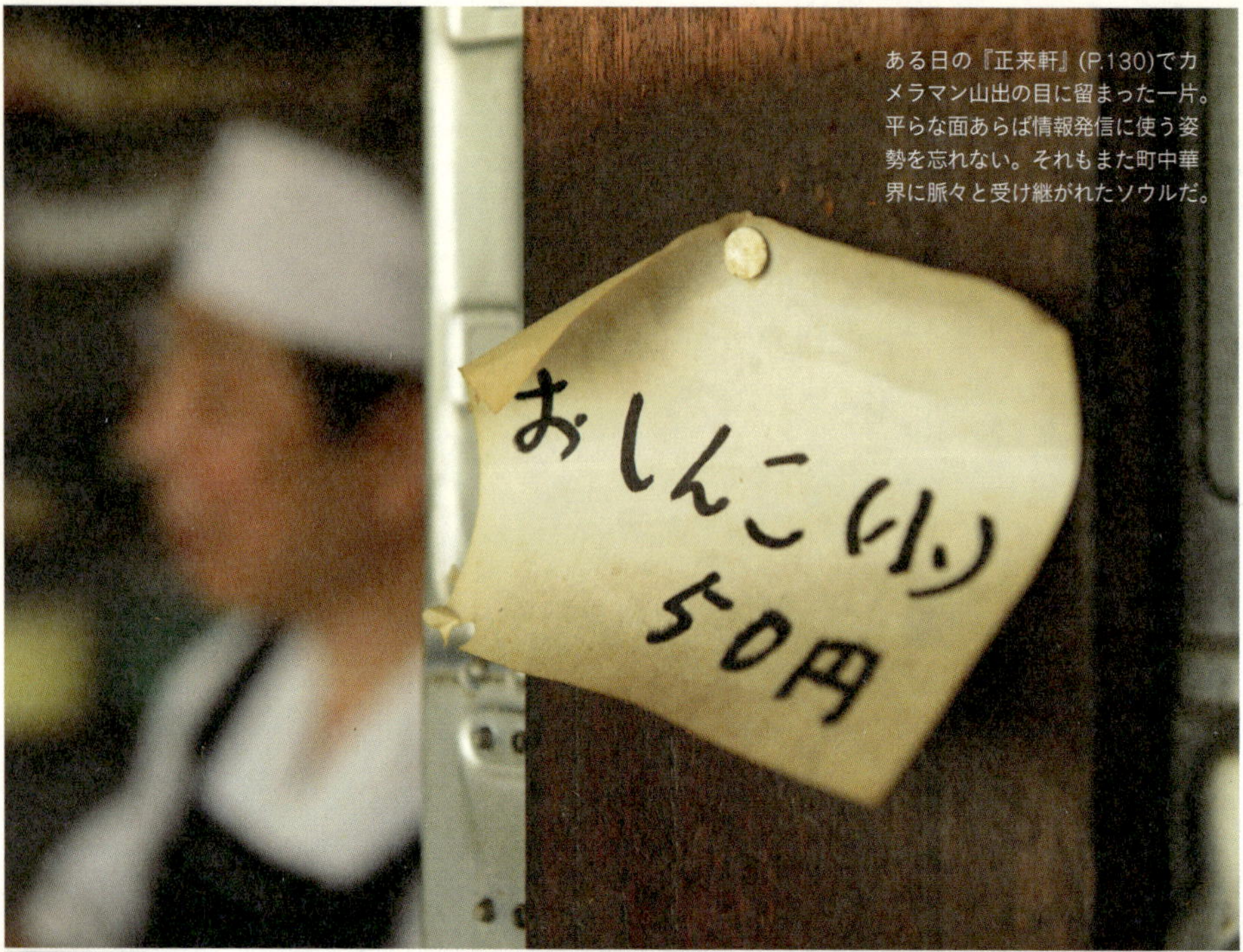

ある日の『正来軒』(P.130)でカメラマン山出の目に留まった一片。平らな面あらば情報発信に使う姿勢を忘れない。それもまた町中華界に脈々と受け継がれたソウルだ。

手書きのメニュー表は、店主がお客さんへ送る短い手紙だ。この看板に刻まれた36文字から、『十八番』(P.146)で繰り広げられたいくつものストーリーを想像できる。

ある夏の日に訪れた『今むら』(P.36)で、カレーライスをひとつ。グラスの氷に冷やされたカレーのスプーンに、涼しくもあたたかな気持ちになった。

『五十番』(P.32)では今日もチキンを使わないチキンライスの注文が飛び交う。町中華はサンプルだけじゃわからない驚きの宝庫だ。いざ、招き猫が誘う扉の向こうへ。

1章

町中華の面白さを知る

多彩なメニュー、意外な歴史、
店主のキャラクター。
探検の第一歩は、
幅広い個性を知るところから!

三種の神器

高円寺

七面鳥

昭和34年（1959）創業

オムライスはスープ、お新香付きで630円。カレーライス580円、カツ丼780円。紡錘形の焼飯580円にもときめく。お通しはお酒注文時のほか、夜は全来店客に振る舞われ、主役を食うほどのうまさ！鍋を振るのはご主人の矢野根（やのね）惇さんと長男の浩一さん。お母さんの民枝さんはお通しと皿洗い、次男の善之さんは接客を担当する。そば屋の居抜きを改装したという一軒家の店舗に白いのれんがヒラリ。黒板にはおすすめメニューが書かれる。

常連客と向かい合ってオムライスににんまり

かつて高円寺北口には、カツ丼とラーメンを頼んでも800円でおつりが来る町中華「大陸」が存在したのだが、その味を確かめる前に閉店してしまった。そんな心の穴にスッと入り込んできたのが、この店だ。

のれんをくぐり引き戸をガラガラと開けると、白木のカウンターと対照的な、赤いテーブルと小さな椅子が現れる。今すぐに東映作品のロケが始まってもおかしくない完璧なビジュアルに、自分が売れないミュージシャンの彼女で、貧しいながらも幸せな70年代の若者であるような気持ちにさせられる。初めて訪れたその日、ほぼすべてのお客さんがオムライスを注文していた。隣に座ったバンドの兄ちゃんもしかりであった。清楚なたたずまいのカツ丼とカレーライスにも、なんだか泣けてくる。さらにお母さんが手を尽くしたお通しが2品……ここに通わない理由があるはずがない！（増山）

増山　『七面鳥』さん、内観も外観も町中華の見本のような店ですよね。

トロ　カツ丼・オムライス・カレーライスと〝三種の神器〟も揃ってるからね。

マグロ　あれ、ホワイトボードには「オムレツライス」は載っているけど、オムライスはないんだ。そっちも気になる！

半澤　オムライスが人気ですが、開店当初からメニューにあったんですか？

ご主人　壁の大きいメニューは昭和43年からやってて、そのころからオムレツはあったんだけど、オムライスはあとから出してます。

半澤　オムライス、来ました！　すげえ！　たまんないっすね。

増山　卵がふんわりしてて、鶏肉もゴロゴロ入っててしかも柔らかい。

マグロ　人気の理由がわかるわー。キャベツにつくマヨネーズが、1本そのまま出てくるのもいいね。

半澤　オムレツはオムライスとは全然違う。具がいっぱいで、ごはんと食べたくなるおかずオムレツだね。

トロ　湯《たん》めんも酢豚も優しい味でうまいね。毎日でも食べられる。

増山　お料理運んでくださったのは、息子さんでしょうか？　今日はよろしくお願いします！

トロ　『七面鳥』といえばオムライス。初めから人気なんですか？

息子さん　こんなに人気が出たのはここ6年くらいです。最初は看板猫がいる店として取材されて、スマホの普及と同時に、食べログやTwitterで広まったみたいで。

半澤　子供のころから、店のお手伝いをされてたんですか？

息子さん　当時はそれが嫌で嫌で。でも取材を横で聞いていて、偉大な店の歴史を知るうちに、将来兄と2人でやろうと思うようになりました。

マグロ　こちらは開店してもう50年以上経つんですよね。

かつては「七面鳥そば」の名で出されていた湯めん500円。あっさりしたスープなのに不思議と物足りなさを感じない。

ご主人　私は2代目で、おやじが昭和34年にサラリーマンが定年になったあと、母と一緒にこの店を始めたんです。昭和43年に店を新しくして、私はその年から始めてます。その前に、母の弟が成城で『七面鳥』をやっていたので（その後『成城大飯店』と名前を変え営業）、そっちから板前さんに来てもらって、5人くらいでやってました。おやじは料理しないで、出前だけ。私も3年間サラリーマンをやって、そのあと柴又の『川甚《かわじん》』で働いてたんです。

トロ　コイの洗いなんかを出す料亭ですよね。

ご主人　そうです。その後母が亡くなったもんで、ここに呼び出されて。和食の道を目指してたけど、中華屋もやってみると面白いもんです。

マグロ　ところで、店名の由来って何なんですか？

ご主人　新宿の若松町だかにあった店から取ったらしいです。

増山　そののれん分けなんですか？

ご主人　いや、珍しいからってパクっちゃって。（一同笑）

今や一見さんも知る セルフのビールシステム

増山　ビールは冷蔵庫から、自分で取るんですよね。これがちょっとドキドキして楽しいです！

息子さん　常連さんは家の冷蔵庫を開ける感じで取っていきます。一見さんも知ってる人多いですけどね。

マグロ　お通しがまたうまいですね！2品もついて。

ご主人　お通しは、おっかさんにお任せだ。ちょっと、お母さんやーい。

半澤　このメニューはどうやって決めているのか、知りたいです！

おかみさん　スーパーに行ってその日安いもので作るの。きょうはお客さんが小エビやイカを持ってきてくれたから、それを使ったんです。

増山　主婦の家庭料理と同じなんですね。そんなうれしいことが行われてたなんて、近所なのに知らなかった！

トロ　僕も学生時代高円寺にいたけど、北口のほうだったからなあ。そのころ「大陸」さんに通ってました。

ご主人　大陸さん、やめちゃったね。北口の『萬里』や南口の『代一元』さんとも長い付き合いなんですよ。

おかみさん　高円寺って高級な店はだめなんですよね。難しいんですよ。

トロ　味がいいから続くんですよ。これくらいの優しい味がいい。

おかみさん　可もなく不可もなくね。

マグロ　それがいいんでしょうな！

ビール（500円〜）はグラスとともにセルフで取り出すシステム。

しちめんちょう●JR中央線高円寺駅から徒歩5分。11時30分〜15時・17時30分〜20時30分、土休。杉並区高円寺南4-4-15
☎03・3311・5027

のれん分けの世界①
下北沢
丸長
昭和28年（1953）創業

つけめんセット940円。シュウマイ、小ライス、漬物のほか、メニューに書かれていないがサラダもセットの太っ腹な定食。店主の深井正昭さんは2代目。先代は元レントゲン技師だ。現在のメニューの裏には、ご主人も久々に見たという昔のメニューが隠されていた！「中華そば二五〇円」の文字アリ。創業当時から使い続ける椅子にも〇長の文字が。

レバー嫌いも虜《とりこ》にする店主のひと工夫

のれん分け店の妙味は、味のベースは一緒でも店ごとに個性が違う点にある。いわゆるチェーン店はどこで食べても同じ味になりがちだが、町中華の場合は縛りがゆるくて自由度が高い傾向があるのだ。若者の街としてにぎわうシモキタの外れにあるこちらは、2019年に結成60周年を迎えた丸長のれん会グループの一員。高度成長期以前の昭和28年に創業された老舗店だ。

まずは、午前6時から出汁取りする店主が編み出した逸品、レバニラ定食の輝きを見てくれ。しっかり揚げたレバーには一切臭みなし。これで定食780円。さすが東京町中華界の一角を成す丸長グループの重鎮だ。

居心地よくてボリューム満点、1000円で大満足。腹ペコ野郎の強い味方、町中華の面目躍如である。他のメニューも大量に注文し、隊員一同モリモリ食べた。酷暑に負けない贅沢な午後。中華天国ここにあり！（トロ）

トロ　普段、町の中華屋を巡る活動をしているけど、『丸長』はそんな町中華を代表する名店だね。

増山　町中華には味以上に庶民的な雰囲気が必須ですけど、『丸長』はともに完璧です。

マグロ　実はかの有名な東池袋の『大勝軒』も、この『丸長』がルーツなんだよね。戦前に長野県から東京にやってきた日本そば屋のネットワークがあって、『丸長』もその流れ。

半澤　『丸長』には30店超ののれん会があって、僕、知らないうちに創業の早い荻窪、目白、下北沢店を巡っていたんです。かつて8つも野球チームを持っていたそうですね！

増山　もうちょっとでセ・パ両リーグが作れますね！　ところでご主人は2代目だそうですが、向かいの小学校ご出身だったりするんですか？

ご主人　そうそう、みんな俺のことを名前で呼んでくれなくて、『丸長』って屋号で呼んだり、『丸長』は長いから長さんって呼ばれたりしたよ（笑）。

全部自分の味 それが昭和なのだ

マグロ　実は僕レバーが苦手なんですけど、このレバニラは最高においしかった！　このレシピはご主人が開発されたんですか？

ご主人　うん。豆板醤を入れたり、レバーも冷凍じゃなくて新鮮なのを使って、下揚げしてる。うちは親父が店を始めたんだけど、高校のときは高度経済成長期で店が忙しかったから、親父とおふくろは俺らが学校終わって厨房手伝うの待ってたんだよ。教わりながら自分でもメニューを考えた。レバニラも、ラーメンも、化学調味料なしの自分とこの味だからね。それが「昭和」なのよ。

マグロ　でも、時代の流れで化調の誘惑はあったんじゃないですか？

ご主人　使ったこともあるけど、自分で作ったほうがいいな。それが昭和なんだ。あのころ、何もなかったもん、自分で作るしかなかった。

マグロ　カレーにも、何かご自身の工夫をされてますよね？

ご主人　……うん。

マグロ　そこは企業秘密ですね（笑）。

ご主人　『丸長』関係のスープはだいたいかつお節やさば節でだしを取って、とんこつと合わせてるんですよ。かつお節をそのまま入れると臭みが出ちゃうから、うちでは本節を仕入れて洗って削って、それでだしを取ってる。厨房にその節があるんだけど……いいよ、見せるよ、

『丸長』1号店は荻窪にあり。（撮影：半澤隊員）

ほらっ！

トロ　わぁ、これか！　いい香り！

マグロ　かつお節削り器もある！　これ、今も現役なんですね。

増山　箱に「丸長様」の字が。

半澤　枕崎から来てるんですね！

マグロ　定食の味噌汁もだしがおいしかったもんなあ。カレーライスにも、これがちょっと入ってる？

月3、4回ペースで首都圏の町中華を探検している町中華探検隊。無化調の昭和の歴史を全身で味わうトロ隊長＆マグロ副長。

ご主人　……ハイ（笑）。

マグロ　ありがとうございます（笑）！

ご主人　薩摩のは香りや甘みはあんまりないんだけど、味が濃いんだ。小湊とか沼津のも使ってみたけど、ラーメンにはやっぱり薩摩かな。

増山　油ものをいっぱい調理するのに厨房がすごくキレイ。長年やっているのに、すごいことですよね。

ご主人　でも、70歳すぎると辞める店が多いんだ。この辺りにうちみたいな店が5、6軒あったのに、残ってるのうちだけだよ。うちのお客さんは職人さんが多くて、仕事着で汚れたまま気軽に入れる店がなくなっちゃうから、辞めないでねって言われるんだけど、もう71だからさあ！

トロ　いやいやいや、僕らいろいろ回ってるけど、80の方もいらっしゃいますから！

ご主人　赤ヘル（過激派）が騒いでる時代が一番忙しかったなあ。佐藤元総理の家が近くて、機動隊のバスが来るとその人数分だけ配達するの。でも「皇居のほうで騒ぎ出した！」っていうとバスが行っちゃうんだよ。

マグロ　まだカップヌードルができる前の話ですよね。

半澤　やっぱり、昭和の香りこそが町中華の条件なのかもしれませんね。

トロ　うん、昭和の高度経済成長期には町中華がたくさんできたけれど、今残っている町中華は必ずそこを勝ち抜いてきた理由があるんだね。今後も我々は、総力を挙げてこの歴史を記録していきますよ！

まるちょう●小田急線・京王井の頭線下北沢駅から徒歩15分。11～15時・17～20時、水休。世田谷区代沢5-6-1　☎03・3421・3100

のれん分けの世界②

三越前

大勝軒

昭和8年（1933）創業

炒飯800円はスープ付き。自家製ヤキブタ1100円は17時から。中華そば650円とシューマイ580円。麺も皮も自家製だが「それが当たり前なんだからわざわざ書くな」とは、先代の弁。緑のタイルが美しい建物。探検隊が顔を出しているのは、店の歴史が詰まった2階の座敷席。1階満席時や、宴会時に通される。レトロ愛好家が泣いて喜ぶ、モダンな洋食店のような1階席の天井。昼間はこの下がサラリーマンでいっぱいになる。

ビジネス街で受け継がれる歴史

〝大勝軒〟という屋号を聞くと、〝つけ麺〟を連想する人が多いかもしれないが、町中華的には明治時代後期、人形町で創業した大勝軒総本店（現在は喫茶店となっている）と、そこからのれん分けされた老舗グループのことを指す。現在残っているのは4店舗で、今回訪れた日本橋の『大勝軒』は昭和8年の創業。千葉県野田市出身の初代が、総本店で修業の後、この地で独立した。味のベースは変えず、時代に合わせたアレンジを加えながら、現在まで息の長い営業を続けている。気取らず、安価で、近所で働く人たちの胃袋を満足させることに専念している点に唸る。料理も美しくて、炒飯に錦糸卵なんて他じゃ見られないアイデア。昭和38年に建て直されたモダンな造りの店舗にいたら、なんかもう、町中華の歴史そのものを食べてる気分になった。（トロ）

トロ　『大勝軒』といえば、この佇まいだよね。昨日今日できたもんじゃない、年月の重みがある。

マグロ　店名は、どこから発想されたんですか？

ご主人　本店が大正元年にできたから、その語呂合わせだっていう説と、乃木将軍が日露戦争で大勝するのに掛けたという説があるんです。人形町にある本店が今は喫茶店になっていて、店内に乃木将軍の書があるんですよ。

トロ　乃木大将が名付け親みたいなものなんですね。

ご主人　そういうことですね。うちのおじいちゃんが大正の4、5年ごろから本店で丁稚奉公をしたあと、昭和8年11月17日にここをつくったんです。

半澤　つけ麺で知られる東池袋『大勝軒』とは別の系統なんですよね？

ご主人　そうなんです。いつの間にか人から「人形町系」なんて呼ばれたりしてね（笑）。のれん分けした店のうち、開業時から同じ場所でやってるのは、大正13年から続く横山町の大勝軒とうちの2軒。あとは浅草橋と、浜町から移転した新川の合計4店です。

マグロ　この建物もとってもモダンですねえ。

ご主人　この写真は戦後に建て直した2軒めの写真。その前の写真は、戦争で焼けちゃって残っていないんですよ。空襲のとき、食用油を近くの空き地に埋めておいたら見事に残って、なんとか手に入るかぼちゃなんかを粉にして揚げたら飛ぶように売れて、そのおかげで店を建て直すことができたと聞いてます。その後、昭和38年に現在の建物になりました。

トロ　メニューらしいメニューもないところからの再出発！　こういうチャーハンは他では見かけませんけど、料理は創業当初からほぼ変えてないんですか？

ご主人　ラーメンブームが起きてからは、50年以上も前のラーメンじゃもうやっていけないと思って、今までのベースを崩さないようにしつつ味を変えていきました。と言っても、うちの中華そばはヤマサの生醤油にスープを足しているだけ。

歴史を多方面から考える、3代目の髙橋一祐（かずひろ）さん。

懐かしさの秘密は“化調”にあり？

半澤　スープには、どんな食材を入れているんですか？

ご主人　桜えびとラード、ネギを使った香味油を使って、スープにはかつぶし、厚削り、煮干し、昆布、りんご、じゃがいも、生姜、にんじん、玉ねぎ……12、13種類くらい食材を入れてるかな。かつサンドで有名な『宇田川』がうちの親戚なんで、そこで余ったキャベツも入れてます。いい甘みが出るんです。

増山　ずいぶん惜しみなく教えてくださるんですねえ！　この自家製ヤキブタ、しっとりしていて本当においしいです！

ご主人　これも、元は中華街にあるような食紅で真っ赤なヤキブタだったんですよ。昔からのドラム缶で毎朝焼いてますが、はちみつやお酒に漬け込んで柔らかくしています。

マグロ　昔のままだったら通用しないっていうことでしたけど、それはどういう味だったんですか？

ご主人　今思えば臭みがあったかな。入れてたものは鶏の手羽先とゲンコツ、ロース骨ぐらいだった。そんな時代だから、おやじとおじいちゃんにとっては、味の素は画期的だったんですよ。まろやかなスープができて、チャーハンも焼きそばも整えられる、夢の調味料だったんです。おやじも好きで使ってましたねえ。ハイミーが出てくると今度は味の素の量を少なめにして、ハイミーをちょこっと入れて。だから昔の懐かしいラーメンっていうのは、だいたいハイミーの味。

半澤　ははは、なるほど！　あれを称して懐かしさと言っていると。

ご主人　と、僕は思うんですよね。今も量は少ないですけど、入れてます。今のラーメン屋さんなんかは、他のもので味を整えなきゃいけない時代になってきましたけど、うちはいろんな意味で変えない。

トロ　東京の町中華の本筋といえる店で、町中華における化調の謎を店主自ら語ってくれた。ハイミーこそが町中華らしさを全国に行き渡らせたとは……これは超レアな証言だよ！

戦後の店舗写真と、人形町の本店と共通で使われていたメニュー。一祐さんはたびたび本店に歴史を聞きに訪れるという。

たいしょうけん●地下鉄銀座線・半蔵門線三越前駅から徒歩３分。11～15時・17～21時、土・日・祝休。中央区日本橋本町１-３-３
☎03・3241・2551

のれん分けの世界③

府中

萬来軒

大正13年（1924）創業
昭和45年（1970）府中に移転

排骨担々麺990円、ライス200円。店内には、初代・下山盛蔵氏と番頭・福原実氏の写真が。あんかけチャーハン950円。卵とネギとチャーシューのシンプルなチャーハンに、カニ肉たっぷりの餡がたっぷりかかる。和子さん（おかみさん）、タイさん（お母さん）もすべての調理を担当。家族経営の町中華で時折見られるスタイルだ。

老舗直系の味をコツコツ磨き上げる

大正13年、渋谷区幡ケ谷に開業した『萬来軒』は東京の西側を代表する老舗。東京大空襲で本店が焼失したが、戦後の復興期に支店を40数軒まで増やしたというから、のれん分け系町中華の一大勢力でもあった。昭和45年、府中市に移転してからはマイペースの営業に転じ、現在は3代目の下山善則《しもやまよしのり》さんを中心とする家族経営スタイル。どの駅からも遠い立地なのに繁盛しているのは、町中華はその街に住む人のためにある、というポリシーを貫いているからだ。じつは善則さん、「若い頃は後を継ぐ気がなかった」とのこと。でも、先代が病に伏したとき、やるしかないと腹をくくる。最初に手伝ったのは出前の皿回収。そこから見よう見まねで料理を覚えていった。大きな努力を重ねたことは、食べてみればすぐにわかる。以後30数年、レシピを改良しつつ独自のセンスを加えた3代目の味は、着々と完成の域に近づいている。（トロ）

トロ　初めて来たのは2014年ごろだったかな？ 存在は知っていたけど、どの駅からも遠い「ポツン店」だから探検したって感じがしたね。

マグロ　ずっと来ようと思ってたんですよ、って言ったらお母さんが喜んでくれたよね。

増山　外観は一見、平成生まれのような新しい感じに見えますね。

マグロ　何頼もうか？ 排骨担々麺《パーコータンタン》が有名だけど、香港丼も気になるね。あんかけチャーハンが人気だけど、チャーハン自体もうまいんだよ！

半澤　ぜひ、それいきましょう！

（カメラマン山出がご主人の鍋の振りを絶賛）

マグロ　美しい振り！ このチャーハンがまたラーメンに合うんだよ。

トロ　半チャンラーメンじゃなくて、チャーハンセットがあるね。これはやっぱり、ラーメン屋とは違うぞっていう中華屋の意地みたいなものですか？

ご主人　そうですね。半チャンラーメンない？って言われますけど。

トロ　排骨担々麺は昔からあったんですか？

ご主人　これは私の代からですね。骨付きのばら肉じゃなくて、食べやすいトンカツ用のロース肉を使って排骨麺の味付けにしてます。

増山　どれも香りや深みがありますね！ 香港丼もご主人の代から？

ご主人　はい。20年ほど前に調味料ブランドの李錦記《りきんき》から、黒胡椒ベースの新ソースを活かしたメニューはどうかと言われて考えたんです。香港丼のタレに乾物類を煮出して入れるんですが、他の料理にもその残りの乾物を細かくして炒めて加えます。排骨担々麺の山椒は、3つの山椒を自分でひいて合わせたものです。

マグロ　どうりでおいしいわけだ！

トロ　メニューの裏に歴史が書いてありますけど、昭和20年代に40数軒まで支店が増えたって、ハンパじゃない。一大チェーンですよ！

ご主人　おやじが上落合に独立出店して、ここに移転してきたんですけど、40軒も広げたのはうちのおじいさんじゃなくて、福原さんって番頭さん。新潟の方なんですけど、馬力があって、親戚も呼んであっという間に増えたみたいです。

増山　荻窪の『中華徳大』さん（P.52）や春日の『ゑちごや』さん（P.40）もで

もやしそば750円を注文すると、お母さん自ら「私が作る!」。先代・敏（さとし）さんの遺志を継ぐ思いに胸を打たれた。

すけど、町中華は新潟出身者が多いですね。

町中華の大河は形を変え今も流れ続ける

マグロ　ご主人は何年生まれで？

ご主人　昭和33年です。

トロ　僕らと同級生だ！　最初から、継ぐ気まんまんでしたか？

香港丼850円、塩マーボ豆腐500円など、味の特徴が一品一品際立つ。ご主人は料理番組からもヒントを得ているという。

ご主人　いえ、全然。大学まで行かせてもらったし、この仕事だけは嫌だと思ってたんです。おやじが病気で倒れて、とりあえず出前の皿の回収をしなきゃならないってところから始まったんです。バイクも乗れなかったので、多磨墓地で練習して。

おかみさん　この人はバンド活動をやっていたんですけど、一人息子だから他に誰もいなかったんです。

半澤　店内にジョージ・ハリスンと同じモデルのギターがありますけど、そういうことだったんですね！

ご主人　こんな立地の店だから、お客さんとコミュニケーションがとれたらと思っていろいろ置いてます。

トロ　おやじさんが元気なころは、親にちょっと歯向かってみたかったって気持ちもあったでしょ？

ご主人　そうですね。でもおやじ自身、苦労をしてましたから、継がせようとは考えてなかったようです。でも、これも運命かなって。

半澤　ほかの『萬来軒』さんも、今は2代目、3代目の時代ですよね。つながりはあるんですか？

ご主人　おやじの代にはのれん会があったんですけど、今ではかろうじて、代田橋に造った「萬来軒製麺工場」から麺を仕入れているという点で他の店とつながっています。

半澤　僕、その場所わかります！

トロ　製麺工場で配達してる人が、一番『萬来軒』に詳しいってことだ！

マグロ　『丸長』（P.20）や『大勝軒』（P.24）とも違う川の流れが見えてきたね！

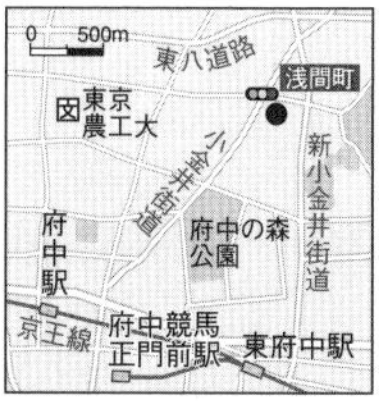

ばんらいけん●京王線府中駅から京王バス「武蔵小金井駅南口」行き約15分の「浅間町」下車すぐ。11時〜14時30分・17時〜20時30分、木・第2・3水休。府中市浅間町2-4-19　☎042・361・3285

のれん分けの世界④

新小岩

五十番

昭和40年（1965）ごろ創業

豚肉を使うチキンライス580円。店主（右）が鍋をふるい、お姉さんがホールを切り盛りしている。親子丼580円、揚げギョーザ430円。ラーメン380円、イリブタ900円。イリブタはいわゆる肉ニラのこと。「下町ではケチャップ味が多いのに珍しい!」（マグロ）。きれいに磨かれたサンプルとケースが店内の清潔さを象徴。このまま町中華プラモデルにしたくなる完璧なビジュアルだ。

チキンライスも親子丼も豚！ その理由とは？

『五十番』はのれん分けで広がった店。そのため各地に店舗があるが、中でも新小岩は町中華のイデアのような店だ。白いのれんが揺れていて、朱色の卓と黄色いメニューが目に染みる。そして豪快な鍋の音に胸躍る……そう紹介するつもりだったが、実はさらなる町中華ポイントが!

なんとこの店、肉＝豚。つまりチキンライスも親子丼も豚肉なのだ。チキンライスに豚ってどういうこと？ そこでなぜ豚なのかと店主に問うと「先代からメニューは全部同じ。材料も変わってません」とのこと。これには「そんな理由？」と探検隊一同笑ってしまった。しかし「店内で精肉」「通し営業」というスタイルも踏襲し先代の味を守る店主の〝純情〟に触れると、驚きの回答にも納得。「不変」もまた町中華の魅力なのだ。次の来店時も、この甘じょっぱいチキンライスを注文。分厚い豚肉ゴロゴロ、ビールにも意外と合ってびっくりした。（半澤）

トロ　ここは外観も内観も、町中華の教科書のような店だなあ。

半澤　僕、会社員時代に、車で店の前を通ってて気になってたんです。

マグロ　2016年の夏に半澤くんと来たとき、こっちの席が涼しいですよ、って、おかみさんが優しく言ってくれたのが印象的だったね。

半澤　そうでしたね。その日はもう一人鍋を振ってる方がいて、鍋のステレオサウンドが素敵だったんですよ。お店は、夫婦経営ですか？

お姉さん　いえ、私は姉で、今鍋を振ってるのは弟なんです。あと、親戚ではない従業員がいます。

増山　勝手に勘違いしてました！　一番人気のメニューはどれですか？

お姉さん　ミソラーメンです。

トロ　じゃあ、ミソラーメン1つ！

増山　肉天ってなんですか？

お姉さん　豚肉の天ぷらです。肉は全部豚肉。親子丼も、豚肉です。

トロ　え、じゃ、チキンライスは？

お姉さん　全部、豚です。

（一同爆笑）

ご主人　スープは鶏ガラと豚なんだけどね。

トロ　鶏って書いて「ぶた」ってルビを振るわけだ（笑）。お客さん、びっくりしません？

お姉さん　親子丼の方には、豚肉なんですって言うようにしてます。

半澤　料理は全体的に優しい味だけど、このチキンライスはこってり系で、甘めの仕上がりなのがいいなあ。

増山　店内の雰囲気も、どこか大久保の「日の出」（2016年閉店。P.64参照）っぽいし、飲み向きだよね。

トロ　そう！　俺も入った瞬間、そう思った。

『五十番』のれん分けの独特なシステム

半澤　創業は、いつごろなんですか？

ご主人　オリンピックの後だから昭和40年ごろかな？　もともと神田須田町にあった本部ののれん分けで。

増山　そこで修業されてた方が始めたんですね。

ご主人　いや、修業はしてない。

マグロ　えっ、誰も修業してないのにのれん分け？　どういうシステムなんですか？

手前からミソラーメン580円、肉丼680円、トーフ炒め500円。どれもボリュームと塩気のバランスが見事で、食べ飽きない。

ご主人　のれん買うんだよ。

マグロ　買うものなんですか？

ご主人　そうそう。一つの地域に一店だけって決まりがあってね。先代は親戚ではなくて、私は弟子。『五十番』って名前は一軒しか付けられないから、『黒龍』とか店名を変えて新小岩に4店出してたんです。

マグロ　王貞治の実家の「五十番」とは直接関係ないんですね。あちらは居抜きだったらしいですけど。

増山　ご主人は、どうやってここにたどり着いたんですか？

ご主人　実家は奄美大島で、先にいた兄貴から、私が15のときに一緒に引っ張られて。兄貴は転職したけど、私はそのまま45年。料理に興味があったわけじゃないけど、あの時代は兄貴には逆らえなかった。中学校出て働く世代の最後かな。

トロ　そうか、僕、今ショック受けてるんですけど、昔の町中華って、ものすごく従業員が若かったってことですよね？　一人前になるころでもまだ二十歳かそこら。

お姉さん　そうですね、働いてたのはほとんど10代でした。

トロ　今の町中華とは全く違う、ピチピチの業界だったんだよ！

半澤　そうか、ご高齢の店主しかいない町中華って、ごく最近の風景だったんですね！　お姉さんも、まだ子供のときにいらしたんですか？

お姉さん　先代から弟に代替わりするときに、私も一緒にお店に入るのが店を引き継ぐ条件だったんです（笑）。昭和63年かな。

増山　俺の代からはチキンライスにチキンを入れるぞ、とは思いませんでしたか？

ご主人　思わなかったねえ。

トロ　自分らしさを出そう、というのはないんですね。

半澤　なぜ豚なのか、と疑問を抱くこともなく、職人として先代の味を継承した結果が、このチキンレス町中華だったんだ！

左右の壁にびっしり書かれた黄色いメニューと赤い椅子、テーブルは町中華の王道。昔は黒い紙のメニューだったという。

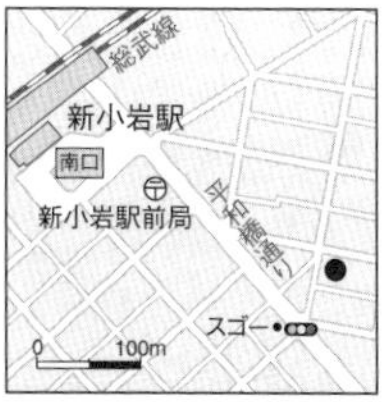

ごじゅうばん●JR総武線新小岩駅から徒歩5分。11時30分〜22時ごろ、水休。葛飾区新小岩2-13-4　☎03・3674・0845

甘味中華・洋食中華①

新御徒町

今むら

昭和23年（1948）創業

カツ丼600円には漬物と味噌汁がセットに。店主の齊藤啓作さん・洋子さんご夫妻。戦争でも焼けなかった建物は街を見守り続ける。チャーシューメン650円。「チャーシュー厚すぎます!」(探検隊)「包丁が切れないから、厚くなるの」(ご主人)。エビフライ850円はどう考えても洋食メニュー。だがこうして、町中華にも違和感なく侵入し、堂々とメニュー入り。

洋食も取り込む懐の広さが町中華

この店を最初に見たとき、これはおもしろい町中華だと思った。看板に「中華　とんかつ」とあったからだ。町中華でトンカツを出すのは珍しいことではないが、看板に書かれているのはあまり見かけない。

昭和23年、この地で創業した時は、モツ煮込みを売りにしていたのだそうだ。そして、ラーメンなども出すようになり、トンカツは昭和30年ごろから始めたという。

店は「おかず横丁」という歴史のある商店街から、一本北の路地にある。おかみさん曰く「昔のおかず横丁はスリが出たのよ」とのこと。今からは想像できないほどのにぎわいだったようだ。

商店街の人通りは少なくなったが、店はいつ来ても満員だ。ある時など「ご飯も麺もなくなっちゃったわよ」とおかみさん。地元の人たちに今も愛され続けている店なんだね、「また来ます」と店を後にした。(マグロ)

トロ　『今むら』さんは、町中華の中でもなかなかない「トンカツ中華」のジャンルだね。町中華には中華もの以外にも、カツ丼、カレー、店によってはオムライスとか、そういう中華じゃないメニューが割とある。

マグロ　でも、トンカツがメニューにあっても、看板に「とんかつ」を銘打っているのは珍しいね。

増山　トンカツとかカツ丼って全然中華じゃないのに、メニューにあっても違和感を感じませんよね。

トロ　そうそう、あんまり気にせず食べてるけど、よく考えるとオムライスは洋食だし、カレーも中華ではないし、町中華にはなんでも飲み込む懐の深さがあるね。

増山　前にマグロさんが話していた、「町中華では中華も含め舶来料理全般を扱っているから、洋食系のメニューも違和感なく取り込まれたんじゃないか」っていう話に、すごく納得がいったんですよ。

半澤　中華料理自体がいろんな地域の料理を吸収して完成したものだから、カツ丼が町中華のメニューにあっても不思議じゃないのかも。

マグロ　カツ丼で有名な町中華といえば、西荻窪の『坂本屋』だね。

増山　中央線沿いにはカツ丼を出す店が多いですね。高円寺の『味楽』は『今むら』さんにちょっと近くて、ほどよく甘みが効いた味でした。こうして振り返ると、西荻窪にある『大宮飯店』のカツ丼はかなり塩味が効いてた方ですね。

トロ　『大宮飯店』はね、特殊なんだよ(笑)。オヤジの世界だから。

マグロ　あそこはちゃんぽんもすごい創作メニューだからね(笑)。

煮込み、あんみつを経て トンカツ中華へと進化

半澤　このトンカツ、上じゃなくて並でこの厚さなんだ！

マグロ　近所だったら毎日来るよ！

半澤　この店1軒でトンカツで飲んで、〆のラーメンまでいけますからね。しかし『今むら』さんの面白いところは、この揚げ物の多さですよね。

トロ　しかも安い！　チャーシューメンいくらだと思う？　650円だよ！

半澤　えー！　その価格設定は間違ってますよ(笑)！　このメニューって、

カツ丼に加えヒレカツ1000円やカレーライス500円も頼み完食！ ご主人の軽妙なトークに一同は終始爆笑であった。

いつごろから今の形になったんですか？

おかみさん　もう30年くらいかなあ。餃子は前やってたけどやめたの。この人、ニンニク嫌いだから。

マグロ　普段のまかないでは、トンカツを召し上がるんですか？

ご主人　揚げ物はあんまり食わない。

半澤　自由ですねえ（笑）。

トロ　ニンニクも嫌いだしね（笑）。

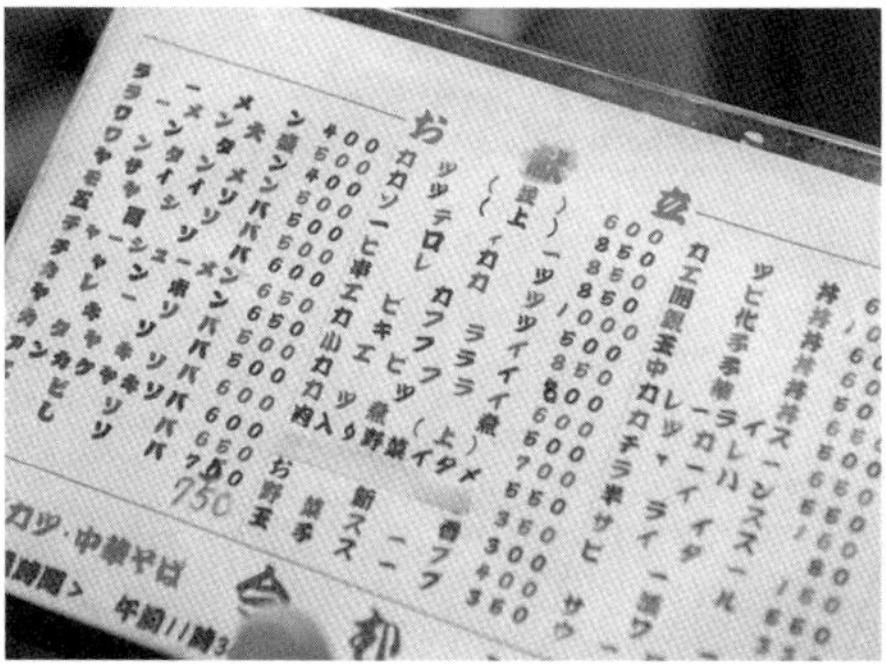

400円のラーメンから始まる「お献立」。カツ丼含め揚げ物がらみのメニューが10品以上も並ぶ品揃えは約30年続いている。

マグロ　『今むら』さんは、トンカツはいつごろ始めたんですか？

おかみさん　父が昭和31年に亡くなったんですけど、そのときにはもうやってました。そのあと、母が85になるまで店を続けたんですよ。父は戦前呉服屋をやっていて、戦後に知り合いからモツを分けてもらって煮込み屋を始めたんです。それで後はあんみつ屋や氷屋をやったり。それでラーメンも始めて、それからかな。

マグロ　トンカツはラーメンよりも後に始めたんだ。長い間、おばあちゃんの町中華みたいな感じだったんですね。

増山　屋号に「中華」って付けたのはラーメン始めたころからですか？

おかみさん　そうです。私の旧姓が今村だから、ひらがなも入れてね。

ご主人　この人は社長。私は厨房長。

増山　ご主人が、おかみさんのお母さんの後を継いだわけですね。ところで、お二人の出会いって？

おかみさん　この地域の青年会で。みんなでスキーやスケートに行ったり、海水浴にも行ったんですよ。

マグロ　ところで、なんで金曜日がお休みなんですか？

ご主人　実はね、火曜日と金曜日が、麻雀をしに行く日だったんです（一同爆笑）。でも週に2日も休めないから、金曜日だけにした。

半澤　明快な理由ですね、ありがとうございます（笑）。

ご主人　いやあ、インタビューに慣れてないもんだから。ハハハ。

いまむら●地下鉄大江戸線・つくばエクスプレス新御徒町駅から徒歩7分。11時30分〜14時・17時〜21時ごろ、金休。台東区鳥越1-11-10　☎03・3851・1065

甘味中華・洋食中華②

春日

ゑちごや

明治10年（1877）創業

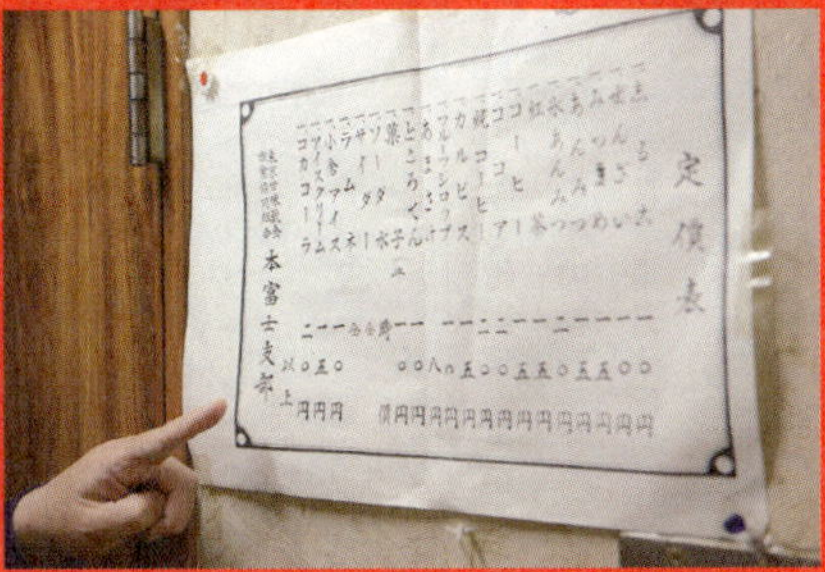

あんみつ450円、タンメン650円。昭和11年8月生まれの店主、太田泰（ゆたか）さん。店頭には季節の和菓子が並ぶ。親子丼670円、カレーライス550円。昭和24年ごろの「定価表」。あんみつ一五円、純コーヒー二〇円、コカコーラ二〇円。ソーダ水やサイダーはなぜか時価！焼き魚定食（鮭）730円はサラダなどの小鉢が付いてボリューム満点。奥さん考案のツナハンバーグ定食730円もぜひ。

“甘味中華”はいかに誕生したのだろうか

本郷にある菊坂をくだり、もうすぐ言問通りに出るというあたりに“ゑちごや”というのれんをかけた中華と甘味を扱う店がある。のれんの端には“創業明治10年”とあった。これはひょっとして、最古の町中華かと思ったら、創業当時は青果店だったそうだ。

大正時代の終わりごろ、夏にかき氷を売り出したのが、当たった。そこから少しずつ甘味店に変わっていったのだ。

店内に昭和24年ごろのメニューが貼ってあった。2代目の時代だ。最初が“志る古一〇円”となっている。その2代目が突然亡くなったのは昭和31年、3代目が20歳のときのことだ。

まだ幼い弟や妹が5人もいた。彼らを養うためにも必死で働いた。メニューも増やさなくてはと近くの中華料理店で料理などを教えてもらった。こうして、甘味＋中華という業態が誕生したのだ。（マグロ）

トロ　オムライスはないけどカレーライス、カツ丼があって、定食に目玉焼きまである。このメニュー構成がいいね。

マグロ　ここは甘味中華だけど、タンメンがうまいんだよ。

半澤　僕さっき早く着いて、みたらし団子食べました！　しかしひっきりなしにお客さんが来ますね〜。

（マグロ、ご主人に代わりお客さんにお茶出し）

増山　マグロさん、町中華の店員似合いますねえ（笑）。あ、タンメンの器、スープのギリギリに店名が！

マグロ　麺をすするとだんだん店名が見えてきて、底にも書いてあるのかなって思って全部食っちゃうね。カレーはフルーティーで甘い、甘味屋さんならではの味だね。タンメンは肉入りで食べ応えがある。

トロ　ネギが浮いてるのが珍しい。

半澤　最初はびっくりしたけど、これがいい仕事してる！

増山　定食の小鉢、プリンかと思いきや、卵豆腐のあんかけかな？

半澤　みたらし団子のタレだね！　僕、いそべ巻きもお願いします。

甘味も出す八百屋が歴史の出発点

マグロ　ご主人は、何代目になるんですか？

ご主人　親戚から店を借りて明治10年にうちのおじいさんが八百屋をやったのが始まりで、私は3代目。

マグロ　この菊坂に樋口一葉がいたころですね。この資料に見える太田小太郎さんが、初代ですか。

ご主人　そう、おじいさんは新潟から出てきて、おやじは明治32年生まれ。おやじは旋盤工で、事故で腕を怪我してから家の八百屋を手伝ってたんです。機械を銀座の『立田野』なんかに納めに行ったときに、いろいろ聞いてきて、夏は氷やあんみつをやってたみたい。大正の終わりごろ、おふくろと結婚してからだんだんそうなったらしいです。10人兄弟だけど兄は6カ月で亡くなって、二十歳の時におやじも亡くなって。下にまだ5人の子供がいたから、なんとか食べていかなきゃなんない。それで次男の私が、なんとかおふくろと頑張ってやってきたわけです。

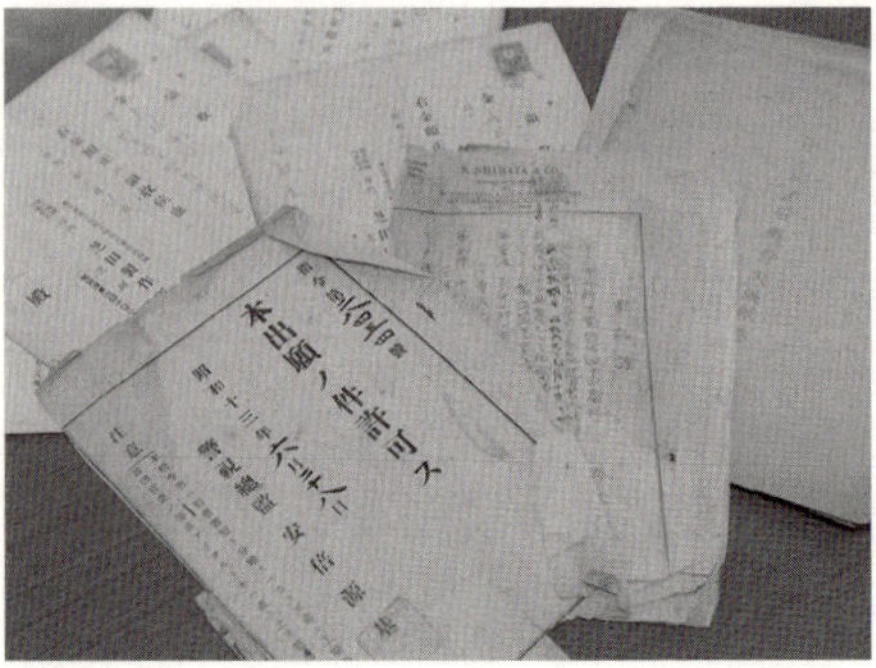

配給制度のころは警視庁が飲食店を管轄していたという。当時の書類の中には最新鋭の冷蔵庫購入時の領収書なども。

マグロ　それで店を継がれたわけです

ね。"とと兄ちゃん"だ。

半澤　そうですね！　まさに。

トロ　奥に昔のメニューが貼ってあるけど、すごくハイカラだよ。

ご主人　あれは配給制度のあったころのメニュー。夏はアイスクリームやアイスキャンデー、冬はおしるこや今川焼きをやってました。「東京甘味飲食協同組合」っていうのがあって、本郷三丁目の「和田珈琲店」（閉店）や、本郷の天ぷら屋の『天喜』も同じ組合。昭和24、25年になると食生活が変わって甘いものだけじゃ売れなくなってきて、組合の人たちが教えてくれた料理を始めたの。根津の『オトメ』（P.44）のおとっつぁんにも声をかけてもらって、閉店後に皿洗いしながら、中華丼とか、タンメンだとかそういうのを教わったんです。

町中華の歴史が詰まった資料を大切にとっているご主人。この穏やかな人柄あってこそ、甘味＋中華の形態が生まれた。

トロ　それで中華も加わったんだ！　なるほど。

マグロ　じゃあここの味って、『オトメ』と近いんですか？

ご主人　うん、うちの中華丼も『オトメ』と同じで、目玉焼きがのるよ。

増山　ちょうどこないだ、それ珍しいなと思って食べたところです！

半澤　ご主人が組合でかわいがられてた絵が想像できますね。

トロ　朝は何から作るんですか？

ご主人　前の日からもち米を水に浸けておいて、餅をついたらせいろでお赤飯を炊いて、その間に団子をこねて、中華のスープもその合間に。

半澤　お父さん、働き過ぎですよ！

増山　甘味と中華のうち、どちらが本業というお気持ちですか。

ご主人　まあずっとやっているし、どっちっていうこともないんだ。今はコンビニのお菓子のほうが人間が作るよりおいしいこともあるから、頑張らなきゃ。

半澤　すごいな。1人で2つの店をやってるようなものだもん。

マグロ　ご主人の人間力が、高いんだなあ。

ゑちごや●地下鉄三田線・大江戸線春日駅から徒歩3分。10時30分〜17時、不定休（要問い合わせ）。文京区本郷 4-28-9　☎03・3812・7490

甘味中華・洋食中華③

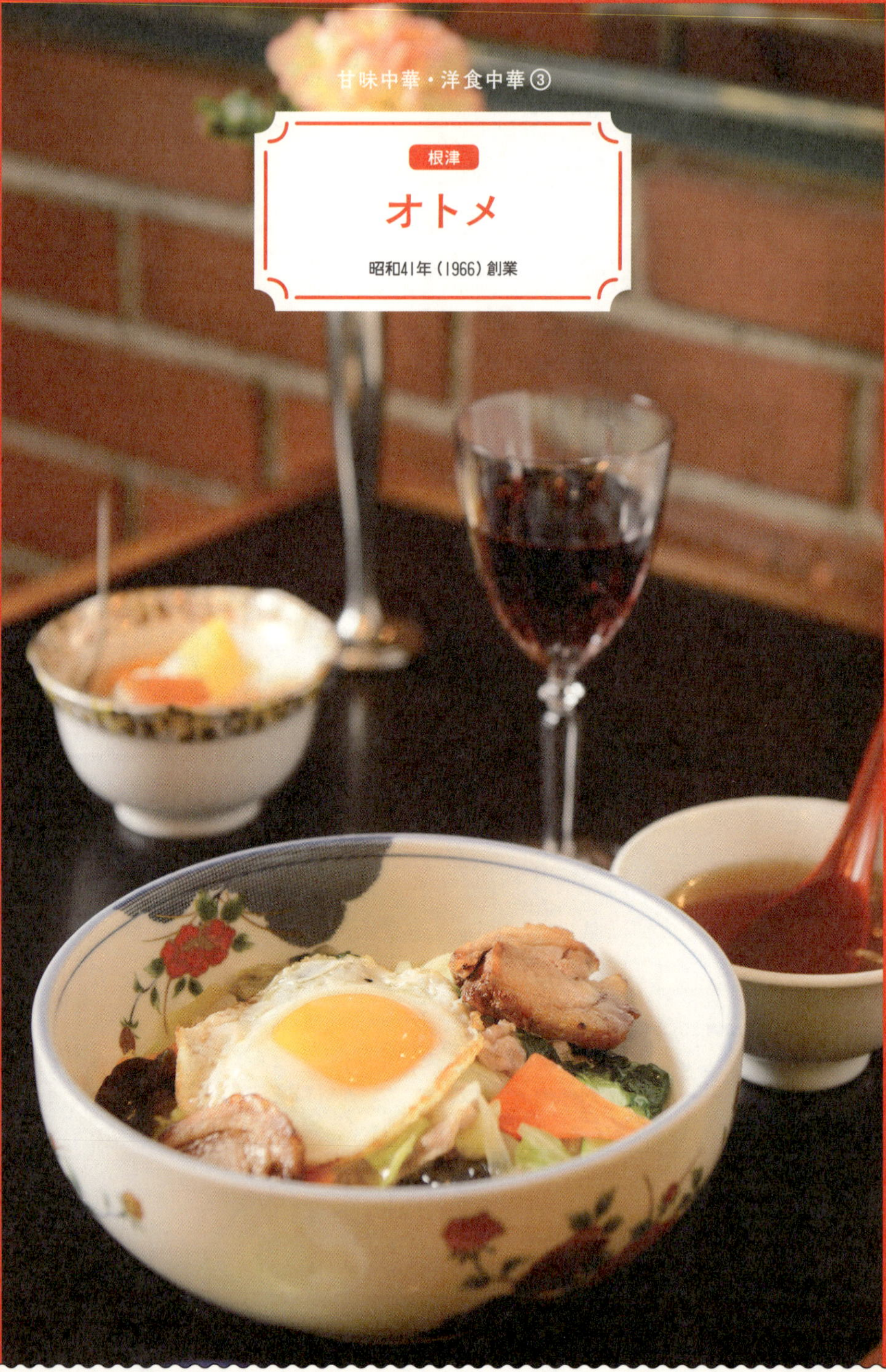

根津

オトメ

昭和41年（1966）創業

中華丼700円、杏仁豆腐330円、信濃ワイン（小ボトル）600円。初代・落合光（みつ）さんの白衣にはOtomeの刺繍が。2代目・秀雄さん（中央）と3代目の息子さんを支えるおかみさんが、生花を飾っている。大きなサンプルケースに誘われ店内に入ると、町中華らしからぬ純喫茶風の空間が広がる。オトメそば930円、肉だんご1350円。喫茶店でいえばマッチ箱に相当する味わい深いデザインの箸袋は、つい持ち帰りたくなる。

エレガントな店内に昭和の薫りが満ちる

のれんに赤い丸椅子の店に限らず、昭和のにおいが感じられれば、町中華と呼んでいいと思っている。『オトメ』は、店頭の食品サンプルこそあるが、赤いテーブルや椅子はなく、壁にビッシリメニューが並んでいるわけでもない。器にも店名は入っていないし、出前用のカブだってない。その代わり控えめに輝くのが、銀色の花器に飾られた花々、クラシック音楽に、ワイングラスだ。卓上に料理がなかったら、誰も中華料理店だとは思うまい。

それでもなおこの店が町中華を感じさせるのは、この店が確かな昭和の薫りに満ちているから。昔ながらの喫茶店風に形を変えた店内には、戦後すぐ、配給の小麦で初代が始めたパン屋から転業した歴史が詰まっている。その店内で自宅のようにくつろぐ常連客の姿が、昭和の薫りを増幅させているのだ。（増山）

トロ　BGMがクラシックの町中華、日本広しといえどもなかなかないよ。

半澤　すごく喫茶店感がありますね。町中華デートにもいいなあ。

増山　女性の隊員と活動するとき、マグロさんに教わって来たんです。

マグロ　裏メニューに中華麺を使ったナポリタンがあるお店として知ったけど、気に入ってくれてよかった。

半澤　あと、『ゑちごや』さん（P.40）が『オトメ』さんから目玉焼きのせの中華丼を教わったそうじゃないですか。ぜひ食べてみたいです！

トロ　じゃあ、注文しますか。

増山　五目カタ焼そばや、杏仁豆腐もおいしいんで、いきましょう。

マグロ　店名が入ったオトメそばと、ナポリタンもお願いします！

増山　早速、中華丼来ましたよ！

トロ　これ、うまいねえ。化調の感じがしないぞ。

マグロ　目玉焼きがのった中華丼、いろんな店で食べたけど、断トツでここがうまいよ！

半澤　オトメそばもうまいなあ。ごまのスープだけどすっきりしてる。

増山　五目カタ焼そばは、麺をパンみたいに発酵させて軽い食感に仕上げてるんですって。

トロ　どれも彩りがきれいだねえ。

マグロ　全体的に味がソフトだなあ。ナポリタン、甘めのドライトマトがおいしいね！

ナポリタン880円、五目カタ焼そば1030円。町中華にはまさかのベビーリーフ。こんなところにもオトメ感が！

内観や料理だけでなく歴史も異例の町中華

増山　ご主人のお兄さんも国分寺で『オトメ』をやってらっしゃると聞いて、先日お話を伺ってきたんですが、前身の「オトメパン」ってパン屋さんが何軒かあったそうですね。

ご主人　そうなんです。谷中のよみせ通りに本店と工場があって、父が工場長をやってました。親戚の支店が3軒あって、根津神社の近くにいた親戚がパンと中華料理を両方出す店をやっていたんですが、体を壊したから代わらないかと言われて、父が一時そっちの店でパンも中華もやってたんです。

半澤　それはいつごろのことですか？

ご主人　昭和33年くらいかな。昭和41年に戻ってきてからは、中華一本です。父を呼んできましょうか？話長くなりますよ（笑）。

トロ　どうも、お邪魔してます。お父さん、お生まれはいつですか？

初代　大正13年です。

半澤　大正ですか！　じゃあ戦争も？

初代　はい、志願兵で南方のトラック島にいったんですが、アメリカの攻撃に遭って漂流して、助かるかどうかもわかりませんでした。

昭和30年代、オトメパン時代の店舗。オート三輪や、明治ミルクチョコレートなどの文字が見える。お菓子も販売していた。

マグロ　帰還してすぐ「オトメパン」を始めたんですか？

初代　そうです。昭和21年に会社をつくりまして。配給の小麦粉の使い道に困っている人が多くて、コッペパンを焼いて手間賃をいただいたり、パンの講師もしてました。当時は山崎製パン、第一パン、敷島製パンと肩を並べていたんです。

トロ　そんなに大きくやられてたら、転業も大変だったでしょう？

初代　職人さんがそのまま残っていたのでなんとか。パン作りで粉の性質もわかってますし。

半澤　そうか、小麦粉を使う業種としては近いものがあるんですね。

マグロ　そういえば、近隣のお店にもお料理を教えてたんですよね。

初代　東京甘味飲食協同組合の組合員同士で、助け合ってたんです。朝お菓子を作り終えたあとも一日中働けるように中華をやりたいという和菓子屋があったんですね。

半澤　お花はいつごろから？

ご主人　古いですよ。一時、兄が2代目でやってたころから受け継いで、今は家内が買ってくるんです。

おかみさん　楽しみにしてる方がいるので、欠かせないんです。

トロ　内装もお花もお料理も、オリジナルな感じがすごくします。

ご主人　そうですか？　あんまり意識したことないなあ……。確かに、世間でやってるからといって取り入れないですしね。いいと思った料理や食器を取り入れてるだけですよ。

増山　その積み重ねで、こんなステキなお店になったんですね！

オトメ●地下鉄千代田線根津駅から徒歩4分。11時30分～15時・17時～21時LO、水休。文京区根津2-14-8　☎03・3821・5422　※2019年3月～店舗建て替えのため休業（2020年再開予定）。

甘味中華・洋食中華④

両国

中華洋食食堂
あゆた

昭和36年（1961）創業

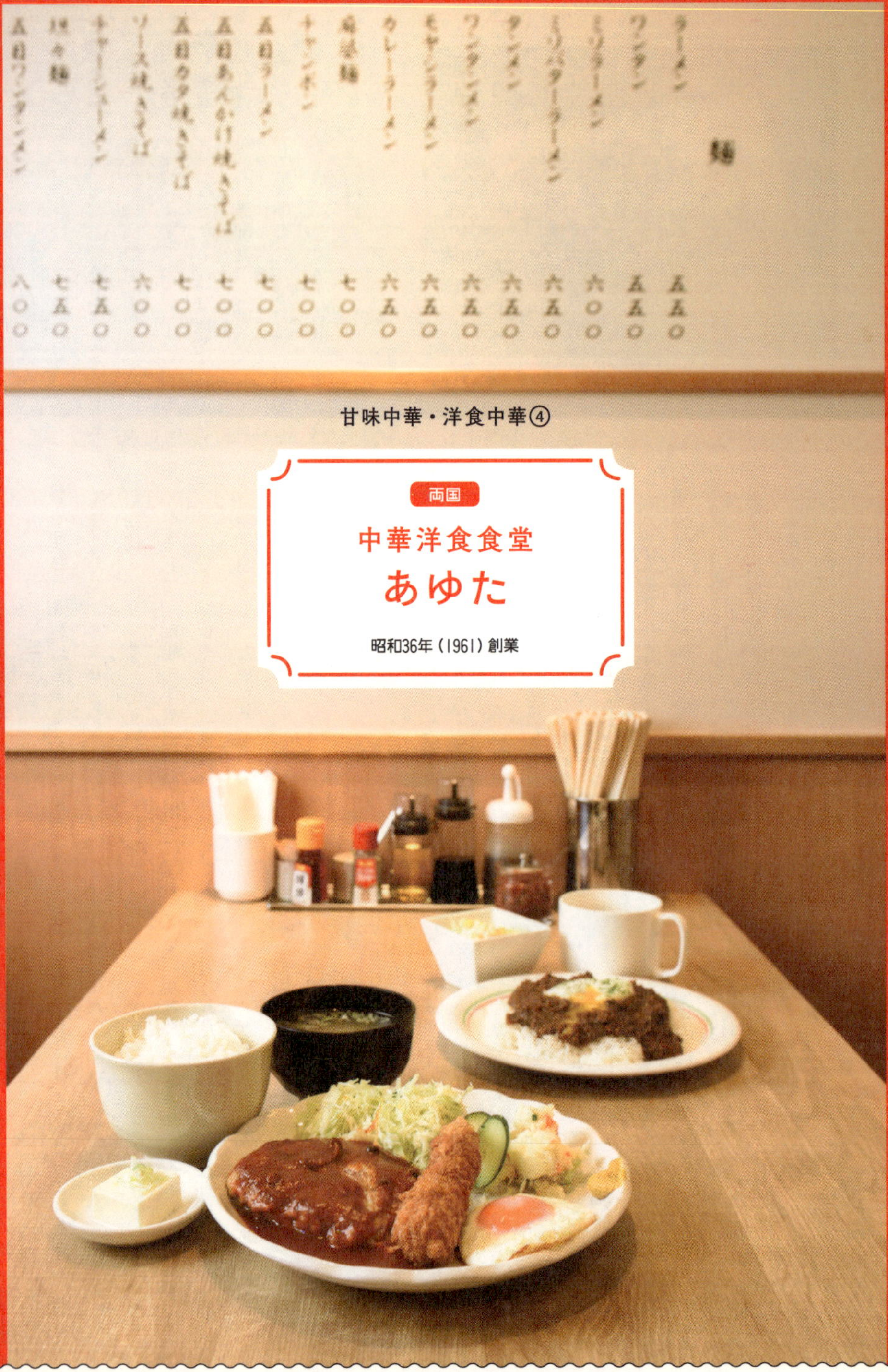

エビフライ・ハンバーグ定食850円、キーマカレー（サラダ付）750円。初代・鮎田充さん夫妻と、2代目信二さん夫妻。現在は信二さん夫妻と初代の妻・美代子さんが切り盛り。五目あんかけ焼きそば750円のような優しい味のメニューと、麻婆ナス650円のようにコクのあるメニューが並び立つ。ふわとろデミオムライス950円。洋食メニューにはコンソメスープ、それ以外の定食には味噌汁がセットに（P.48の写真のメニュー表の価格は現在一部変更になっています）。

内装はおろか店名まで変えた2代目

蔵前から厩橋を越え、清澄通りを両国方面へ歩いていた。たしかこのあたりにいい感じに熟した町中華があったはずだ。しかしなかなか見つからない。そのかわりに見つけたのが『中華洋食食堂 あゆた』という看板を出しているカフェ風のおしゃれな店だ。「中華」の文字があるので、とりあえず入ってみた。注文したのは五目あんかけ焼きそば。提供されて驚いた。半分に切られたゆで卵、かまぼこ、チャーシューがのっかっているビジュアルはどうにも昔風だ。食べてみると、これまた、懐かしい昔風のやさしい味つけだ。卓上の酢を掛けまわすとさらに旨くなった。

店主に聞けば、ここは以前、「萬満亭」という町中華で、2代目がこの店を引き継いだ2015年に大胆な改装をし、店名も変えたのだそうだ。ただし、味のほうは引き継いでいるとか。なるほど、こういう代替わりの仕方もなかなか素敵だね。（マグロ）

増山　マグロさんが初めて来たのは改装後なんでしたっけ。

マグロ　そうそう、前このあたりに中華屋さんなかったですかって聞いたら、「それうちです、『萬満亭』って店を改装したんです」って言われて、そのときは驚いたよ！

半澤　僕も前に見た気がするんですけど、店構え全然違いますもんね。

トロ　ちょっと割烹みたいな店名だしね。クレジットカードも使えるんだ。

増山　カフェみたいな内装でかわいい！　出前も、今流行りの専門業者が代わりに運ぶシステムなんですね。

マグロ　いろいろ新しい部分はあるけど、五目あんかけ焼きそばは昔のビジュアルのまんまなのが面白いよね。

トロ　ほんとだ、味も優しい。

2代目　親父の代から見た目も味も変わってないんです。メニューも僕の代でふわとろデミオムライスやキーマカレーを増やしたくらいです。

半澤　キーマカレー、うまい！

2代目　デミグラスソースを隠し味に使ってます。

トロ　ハンバーグも柔らかいよ。

半澤　ひき肉づかいがうまいんだな。

店名も店舗も一新 次の世代へバトンタッチ

増山　どういう経緯で、こういうカフェ風のお店になったんですか？

2代目　僕は洋食屋に就職してたんですが、両親の手伝いをするために、戻ってきたんです。40年近くやってるので厨房の設備がほとんどダメになってたんで、2015年の10月に改装して、店名も店の内容に合うように変えました。

半澤　メニューを変えるんじゃなくて、店名や店構えをメニューのほうに寄せた結果、洋風の見た目になったんですね。

トロ　もう辞めちまうか、一新するかって決断を迫られてたんだ。創業されたのは、いつごろなんですか。

改装前の「萬満亭」。同じ店だと気づく人はいないだろう。どれだけ大胆な改装だったかがわかる。（写真提供：鮎田信二さん）

初代　ちょっとおかあさん、「萬満亭」の開業いつだっけ？

おかみさん　文京区の根津八重垣町にいたころだから、昭和36年です。

初代　居抜きの店を屋号変えずに始めて、昭和50年にここに移ってきたときも同じ店名にしたんです。この場所、前は中華そば屋で潰れちゃったとこなんです。何やってもダメな場所で、周りからは、また潰れていくんだなんて言われてたんですよ。
おかみさん　でもこうしてやってるうちに40年経ってね。
増山　ジンクスを塗り替えたんだ！
おかみさん　八重垣町の店は家賃が高かったの。６万円だったんですよ。
マグロ　当時の６万円は高いなあ。
おかみさん　新小岩にいたこともあって、そのときは洋食だけやったんですよ。八重垣町のときは中華専門。当時洋食食べる人ってそんなにいなかったから、中華のほうが出ましたね。
半澤　そういえばご主人は中華で修業されてたんですか？
初代　栃木の鹿沼市から出てきて、最初は門前仲町で中華をやりました。洋食は新宿の「ナイス」や、大映の菅原謙次って俳優さんが経営してた、銀座の「イーストサイド」って店で。全国から来た農協の人たちが宿泊する「家の光」（家の光協会が運営していた）っていう施設の料理人をやったあと、独立したんです。こっち来てくれよって呼ばれるもんだから、嫌と言えなくて。
増山　あちこちでひっぱりだこだったんですね。屋号変えるって息子さんに言われたときは、愛着あるから変えないで、とは思いませんでしたか。
初代　いやー、全然思わなかった。せがれの店だから、自由にやりたいことやればいいじゃないかって。
半澤　お父さん、優しさがにじみ出てるもんなあ。「萬満亭」時代にも来たかったです。
マグロ　ビフォーアフターを楽しみたかった！　町中華探検隊が始まったころはまだ「萬満亭」だったんだね。
半澤　今までに行った店の中にも、こうやってリニューアルしたところが結構あるかもしれませんよ。
トロ　この店は、高度経済成長期に生まれた店が、新スタイルの町中華に変身した好例だね。

町中華であることを忘れてしまいそうな北欧調ともいえる店内。
洋食も中華もアレンジせず、しっかり王道の味だ。

ちゅうかようしょくしょくどう あゆた●ＪＲ総武線両国駅から徒歩８分。11～15時・17～21時、日・祝休。墨田区石原1-36-2
☎03・3623・6229

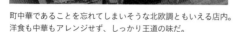

自由な創作魂①

荻窪

中華徳大

昭和49年（1974）創業

らんらんトッピングがのったホウレンソウ焼飯1120円と餃子5個400円。青柳禎一さん・マサ子さんご夫妻と、娘さんご夫婦で切り盛り。もやしそば780円。徳大セット830円の「海老ミニ丼と半ラーメン」をチョイス。スープは海鮮や鶏などを加えた2種類をかけ合わせている。食券方式を採用。店の外に貼られている手作りのメニュー表のおかげで、混雑時も券売機の前でまごつかずに済むのだ。

オリジナル中華に家族愛が溶ける

中密（中華密集）地帯荻窪でも特に実力派として知られているのがこの店。さまざまな中華料理屋で修業してきた店主は、本場の味を自己流にアレンジ。1980年代「荻窪ラーメン戦争」に沸いた土地でオリジナルの中華を確立させた名店だけあって、その人気は今も根強い。昭和49年に店を始めたときはわずか5品だったというメニューも、現在ではなんと70種以上。「思いついたらつい、作りたくなっちゃうんだよ」という生粋の料理人が作り出す味は、独創的なのに、あぁコレ、コレとため息が漏れる懐かしさもある。

店主の高齢化が進み後継者問題に直面する町中華も多いが、店にはいつも娘の貴子さんの元気な声が響く。中学時代から店を手伝っていたという貴子さんは「父の味はなかなか出せない」と店にも料理にも強い誇りを持っている。丼に染み入る家族愛も存分に味わえる町中華だ。（半澤）

トロ　ここは、まっさん（マグロ副長）と二人で探検隊をやってたところ、行きそびれた店なんだ。

マグロ　目の前まで来たら、ちょうど札が「準備中」に変わってたんだよね（笑）。

増山　私は味もですけど、何よりオヤジさんのファンなんです！

半澤　僕も大好き。「らんらん焼飯」は素晴らしいの一言ですよ！

マグロ　『中華徳大』って名前はどこから付けられたんですか？

ご主人　「中」は真ん中、まあまあってこと。「華」は華々しく繁盛してて、「徳」は人に親しまれる。そういうもので「大」きくなろうっていう意味なんだ。俺の育った店は、六本木の「上海酒家」（閉店）。師匠は王春海さんっていう、東京中のコックを面倒見るくらいの人で、業界で知らない人はいないくらいでしたよ。

増山　でも、師匠に料理を一から教わったわけじゃないんですよね。

ご主人　そうそう。食べ終わるとお皿が戻ってくるじゃない。そこに残ったタレをなめて料理を覚えたんだ。

マグロ　六本木で修業して、どうして荻窪で開業されたんですか？

ご主人　荻窪のラーメンはね、昔から師匠が一目置いてたの。

一同　へー！　なるほど！

ご主人　店出したころは、荻窪ラーメンの一番すごい時代だった。『丸信』や『丸福』、中国人がやっていた「漢珍亭」さんがにぎわってたんだ。

マグロ　「漢珍亭」といえば煮卵だね。

トロ　「山田うどん荻窪店」でも「漢珍亭」風の煮卵を出していた。

町中華の実力は店の外に表れる

半澤　以前お邪魔したとき、70種類以上メニューがあったんですけど、今もそのくらいありますか？

青柳さんから極上の授業を受ける面々。修業時代には長嶋茂雄氏がよく来店し、食後に必ずあんまんを食べたという話も！

ご主人　1回60くらいに減らしたよ。でも馬鹿だからね、すぐに新しい料理を作りたくなっちゃう。

娘さん　父は料理を作るのが本当に好きなんですよ。

トロ　効率だけ考えたら、メニューは少ないほうがいいですよね？

ご主人　そりゃそうだ。でも、それだと面白くない。

娘さん　だからチャーハンの注文がしばらく続いたあとに違う料理の注文が入ると、ウキウキしてる。

増山　早稲田には、学生が集団で来たとき同じメニューを頼まないとオヤジに怒られる店がありましたけど、青柳さんは正反対ですねえ。

ご主人　レバニラが1回に3つ注文入ったとき、普通は3つ一緒に作るけど、俺は基本は一つずつ作るよ。

増山　そのほうがおいしくなるからですか？

ご主人　そりゃそうだよ。

マグロ　そういえば、町の中華屋さんだとカツ丼があったりしますけど、そういう料理はないんですね。

ご主人　カツ丼は、中華じゃねえからなあ。

マグロ　そういう考えなんですね！

ご主人　だって作り方知らねえもん。ボウヤのとき、休日に友達の店でお小遣い稼ぎしてたんだけど、そこで最初に来た注文が親子丼だったな。

半澤　中華じゃないですねえ（笑）！

ご主人　俺、親子丼は作ったことも見たこともねえし、どうしようかと思った。当時、親子丼の具は鶏肉と卵だってことも知らなかったから。休日はよその店でアルバイトしてて、いろんな店のチーフコックの料理を見てきたけど、今出してる料理はよそにはねえよ。中華料理のメニューを俺がいじってるから、どれを食べてもうちの味。大きい店でも、俺のところみたいに自分でガラ叩いてスープ作ってるとこは減ったな。今、店の外にガラが捨てられてないもん。俺んちは管理人に怒られるくらい大量のガラが出るよ。

増山　捨てられた鶏ガラが町中華の実力のバロメーターだったのかあ。

半澤　今後は、町中華のゴミ箱も研究対象に加えないといけませんね！

ご主人　スープの味こそが、中国料理の根本だと俺は思ってる。でも、こだわってるわけじゃねえんだよ。こうやったほうがうまいってことは教わってわかってんだから。

鮮やかな手つきに魅せられた。無駄のない動きで一瞬にしてチャーハンができあがる。「やっぱチャーハンは見せ場！」。（トロ）。

ちゅうかとくだい●JR・地下鉄荻窪駅から徒歩3分。11時30分〜13時30分LO・17時30分〜20時45分LO（土は17時〜のみ）、日・祝休。杉並区荻窪5-13-6　☎03・3393・2082

自由な創作魂②

浅草

あさひ

昭和の初めごろ創業

4代目・植木隆一さんと5代目・隆正さん。中華そば600円、うまにかけ焼飯1100円。パクパクパクチーそば900円は、中華そばと共通のスープをベースにしつつ、フォーのようなすっきり仕立てに。控えめな紺ののれんが渋い外観。五目やきそば850円、中華丼800円。季節メニューのボードの裏には隠しメニューが。これがホントの「裏メニュー」だ! 後述の清そば850円もここに記載アリ。

観音裏に咲いた、昔と今をつなぐ町中華

普段は店内に置かれた私物や、店主の人柄がにじむ手書きメニューなど、町中華に生じる「隙」を愛好しているのだが、この店に関しては全くベクトルが違う。実は、町中華探検隊員を名乗っていながら、私はラーメンよりもチャーハン派で、ラーメンを頼むことは少ないのだが、ここの中華そばは思わず最後の一滴まで飲み干してしまった。透き通った味のスープとすっきりした香りの麺が、じんわりと体に染み渡るのだ。看板の赤い文字、黄色いテント、紺色ののれんという配色もいいし、思わず「カワイイ!」と叫びたくなる、五目そばと中華丼のあしらいの意外性も素晴らしい。この刻みナルトとチャーシューが絡み合う様だけでも15分は見つめていられる。現地まで行って味を作り上げる、本格派メニューの完成度の高さにもワクワク。そして、ご主人と5代目の息子さんがカッコいいときたら言うことなし!（増山）

マグロ　このお店、俺も好きで何度も来てるんだけど、本当は人に教えたくなかったんだよ〜。

増山　すみません、つい！

半澤　浅草で続いているお店の中でも老舗のひとつなんですよね。

トロ　創業はいつごろなんですか？

4代目　資料が残ってなくて、創業した年も店名の由来も、よくわからないんですよ。2代目のおじいちゃんに聞いたら、戦争中だったから『あさひ』なんじゃねえか？　って。

増山　昭和8年創業の三越前の『大勝軒』(P.24)でも3代目ですし、創業80年以上かもしれませんね。

マグロ　お店継がれたのは、いつごろだったんですか？

4代目　僕が27のころおじいちゃんが他界して、おやじ（3代目）は「あき」って飲食店をやってたので、僕が修業先から帰って継ぎました。

半澤　メニューは変えましたか？

4代目　それまであったものはなるべく残して、レシピも変えてないです。お客さんもおじいちゃんの麻雀仲間だったり、長く来ている方が多いんでね。肉屋さんも昔からの付き合いだから、こっちが忘れても肉屋さんのほうが頭何キロ、手羽何キロって覚えてたりしますよ。

マグロ　目玉焼きののった中華丼がまた独特ですね。

4代目　これが普通だと思ってたから、よそで食べてびっくりしたんですけど、うちが具をのせすぎてたんですよねえ。たぶんうずらが面倒でその代わりにしたんじゃないかな。根岸にも1軒のれん分けの店を出してたことがあったんですけど、そこでも目玉焼きはのせてました。

変わらない味と進化系メニューが共存

半澤　パクチーを使ったり、挑戦的なメニューも多いですよね。

4代目　食べ歩いて気に入ったものを取り入れてます。後輩が近くで『モンティー』ってタイ料理屋をやってて、初めて行ったときはパクチー苦手だったんですけど、タイに行ったら不思議とおいしかったんですよね。その後『モンティー』でパクチーラーメン食べて、それをパクってパクパクパクパクチーって名前に。以前ベトナムで現地のフォーを食べてきたんで、それも味に生かしてます。

四季にあわせて入れ替わる季節メニューも魅力。秋はなすアタマ800円などのなすメニューがお目見え。ひき肉たっぷり。

マグロ　パクるのパクとパクチーをかけてるんだ（笑）！

トロ　このなすアタマもうまい。ビールに合うだろうなあ。

4代目　中華街で牛肉のほほ煮を食べたとき、麻辣醤って調味料がすごくおいしかったんで、それを仕入れて使ってるんです。

トロ　ご主人はおいしいって思うと、素直にうちでもやってみようって思うタチなんですね。

粒山椒がごろっと入った具だくさん自家製ラー油は、いろんな料理にかけたくなる。

4代目　ホワイトボードめくるとさらに裏メニューもありますよ。

半澤　ホントだー！「清《きよし》そば」って、なんですか？

4代目　後輩の名前です。うちのメニュー3周したって言うんで、何がほしいか聞いたら、自分の名前のついたメニューがほしいって。鶏肉の入ったちゃんぽん風のメニューですけど、あんまり出てません（笑）。

半澤　僕らも3周すればオリジナル作ってもらえるんですか？

4代目　もちろんです！　自己申告でね（笑）。

トロ　もう5代目もいらっしゃるし、そういう常連さんも安心ですね。

4代目　でも、前は違う仕事をするから継がないって言っていたので、僕が最後の代になるなら、と思って海外展開も考えてたんですよ。

5代目　30になったらちゃんとしようと思って継ぐことにしました。

4代目　初めて聞いた！　でも、初めから包丁うまかったよね。教えたわけじゃないのに持ち方が一緒で。

半澤　ちゃんと料理人の血が、受け継がれてるんですね。

マグロ　6代目のご予定は？

4代目　いいやつなんですけど、モテないんですよ。

マグロ　じゃあ、5代目のおかみさん募集中ってことで。

増山　友達連れて、食べに来ます！

あさひ●私鉄・地下鉄浅草駅から徒歩11分。11時30分～15時・17時30分～22時、月休。台東区浅草3-33-6　☎03・3874・4511

自由な創作魂③

四ツ谷

徒歩徒歩亭

平成22年（2010）創業

人気の雲呑麺1100円。肉がずっしり詰まった雲呑はツルツルシコシコ、麺以上の存在感（塩・醤油あり）。父娘の仲睦まじい2ショット。蒸し鶏と卵のお粥900円は冷奴などが付く（お粥は13時〜）。四ツ谷で一番おいしい豆腐を使っているから「頂上麻婆豆腐」1300円。辛さだけでなくコクある甘みが効いている。これは町中華なのか？と論議を呼んだ美しい店内。しかしそこに流れる温かな空気は、やはり町中華そのものだ。

屋台育ちのスープにひそむ家族への思い

雲呑麺やお粥が人気の『徒歩徒歩亭』は店主の佐江さんが切り盛りする店。若い女性店主の町中華というのはレアだ。実は彼女、有名店『支那そば屋こうや』創業者、原澤宏也《こうや》さんの娘。まさに町中華が次代に引き継がれた好例だが、彼女はただ「継いだ」わけではない。

ほっこり味の料理の数々は父、宏也さんが考案したもの。ここは、父が〝今作りたい味〟を娘が体現する、父娘《おやこ》二人三脚の実験厨房なのだ。「父に好きなことをやってもらうのが夢」と佐江さんは語ってくれたが、スゴいことじゃないか。

僕は家業を継げなかった身だから、大柄な丼から上がる湯気をかぶる度にジーンときてしまう。体の芯を熱くする一杯は、町中華が実に温かでドラマティックなものであるということを教えてくれる。（半澤）

増山　『徒歩徒歩亭』はお店がすごくキレイだし、町中華ではないかな？　と思ったりもしましたよね。

トロ　第一印象ではそうだった。我々の中心価格帯はラーメン1杯700円以内くらいだしね。

マグロ　でも半澤くんが「なんと言おうとここは立派な町中華です！」って口角泡を飛ばし宣言したんだよ。『徒歩徒歩亭』は昔、新宿や四ツ谷をまわっていた屋台の名前を受け継いでいるんですよね。銀座の『萬福』(P.108)など昔は屋台出身の店も多かったけど、この界隈では、今は『こうや』を残すのみと聞きました。

増山　屋台時代のお話聞きたいです！

宏也さん　屋台をやりたいと思って頼みに行ったら親方に断られたんですけど、番頭が「いい体してるじゃないか、2、3日様子見たら？」と言ってくれて、昭和39年4月、桜満開の日にデビューしました。当時は歌舞伎町のコマ劇のあたりにおでん屋なんかも出ていて、ラーメン1杯60円。今じゃノスタルジーで「昔のほうがうまかった」なんて言われるけど、親方は味の素と、鶏ガラ2羽くらいと、豚の骨5、6本しか入れてくれなくて、それで100杯も出してたんです（笑）。歌舞伎町や大久保は兄貴分が引いてるから、新米は遠くに回されるんですよ。

マグロ　だから「とぼとぼてい」っていうんですか？

宏也さん　そうです、そうです。

トロ　『こうや』のあと原点回帰したのが、今の『徒歩徒歩亭』なんですね。

父娘の思いが溶け合う新しい2代目の形

佐江さん　実は、母と父の出会いの場は、屋台時代の『徒歩徒歩亭』なんです。母が若いころ、父の屋台に食べに行っていて、顔はずっと知っていたそうなんですけど、それから母が大人になってお付き合いをするようになって……。

マグロ副長は、『こうや』修業時代から佐江さんを見守っている。このときは感動の話が聞けるとはつゆ知らずの隊員たち。

増山　え〜、素敵〜!!

佐江さん　ですが私、しばらく父と会っていない期間があったんです。けれど、再会してみたらこのとおりの面白い人で（笑）。正直、父に会って人生の見方が180度変わりました！

半澤　そんなドラマがあったんですね、泣ける話です……。

マグロ　お父さんから、『こうや』を手伝ってって言われたんですか？

佐江さん　いえ、私が自分から。全く関係ない仕事をしていたんですが、それをやめて来たんです。

マグロ　そうそう、私も『こうや』さんの常連だったので覚えてます。最初はまごついてたのに、めきめきと腕を上げられましたよね。

佐江さん　10年やってましたからねえ。

屋台時代の写真。体力には自信があった、と宏也さん。

ありがとうございます。

トロ　そこで『徒歩徒歩亭』を始められたわけですが、そのきっかけは何だったんですか？

佐江さん　もういっぺん、父にやりたいことをやらせてあげたかった。それが私の夢だったんです。それで、2人で考えた店名が、〝徒歩徒歩亭〟。

宏也さん　僕が『こうや』から退くことになって、今度はあそこから先をやろうと思った。腹いっぱいになるのもいいけど、本当はもっと癒やし系の、優しいものをやりたいと考えてるんです。このお粥とかね。最初『こうや』でもやろうと思ったんだけど、忙しくなりすぎちゃって。この店ではけっこう自由にやらせてもらってます。娘が『徒歩徒歩亭』という一番いいおもちゃを買ってくれたわけです。

半澤　うぬ〜、また感動してしまいました！

佐江さん　父の集大成として、そして私の勉強の場として、この店を開店しました。2人に共通しているのは、おいしいものでお客さんを幸せにして、応援してくれるスタッフも幸せにしたいということ。

宏也さん　あと共通してるのは、キリンビールね。親子3代、キリンビールしか飲まない（笑）。

半澤　（涙目でお粥をすする）

トロ　ああ、半澤は感動して震えちゃってるよ。町中華には、ドラマが詰まっているもんな。

マグロ　うん、町中華は、人生の劇場なんだよ。

とぼとぼてい●JR・地下鉄四ツ谷駅から徒歩5分。11時30分〜14時30分LO・17時30分〜21時LO、土不定・日・祝休。新宿区四谷三栄町6-32 鈴木ビル1F ☎03・5269・7717

COLUMN 01

いまでも『日の出』に影響を受け続けている

2016年5月、TBSラジオ「たまむすび」に出演し、赤江珠緒さんやピエール瀧さんと町中華の話をした直後のこと。番組スタッフに渡された、リスナーからのメールを読んだ。『日の出』の店主が体調を崩し、1週間前から休業中だという。嫌な予感がした。高齢の夫婦で経営し、後継者はいないと聞かされていたから、鍋を振るご主人に何かあれば、店はたちまち窮地に追い込まれる。案の定、しばらくすると『日の出』は閉店し、あっという間に別の店が営業を始めた。ある日突然別れの日が来る町中華の現実を、僕は改めて思い知らされることになったのだ。

カツ丼、カレー、オムライス。探検隊は“三種の神器”をよく注文していた。

東京の町中華ファンによく知られた大久保の『日の出』を初めて訪れたのは2014年初頭。下関マグロ、増山かおりと一緒だった。メモも取らずに大量の注文を厨房に伝えてフロアを仕切るおかみさんと、寡黙に鍋を振る洋食出身のご主人。100種類を超すメニューにはカツ丼もオムライスもカレーもあり、酒のつまみも豊富に揃う。清潔で、値段は安く、量が多い。これぞ名店だと唸《うな》ったものだ。

その気持ちは今も変わらない。初めて訪れる店でメニューを眺めたり、手慣れた客さばきを見たときなど、つい比べてしまうのだ。おかみさんはいつも、いいお客さんがついてくれたからやってこれたと言っていた。町中華探検をすればするほど、その意味がわかってきて、店はなくても『日の出』は心の中に生きているんだなと思う。(トロ)

安くて旨くて腹いっぱい。『日の出』は町中華の教科書みたいな店だった。

2章

町中華密集地帯を歩く

その街で暮らす人、
働く人のために生まれた町中華。
激戦区の店をはしごすれば、
街の表情も見えてくる！

おかみマサ子さんと話すと皆、笑顔に。常連客が多いのも納得の『新京』。

ラーメンの街は歴史ある中華天国

荻窪

1980年代に「荻窪ラーメン」で有名になったが、実は〝中華の街〟でもある。個性豊かで街に根付く名店ぞろい!

商業都市・荻窪に中華の花が咲いた

都心へのアクセスがよいことから、荻窪はよく「住みたい街」に挙げられる。しかし、これは今に始まったことではない。第二次大戦直後にできた「新興マーケット」という小さな店の集まりが発展し、商業の街として古くから栄えていたのだ。

人が多いところに中華屋あり。P.69のマップを見るとエリアに偏りなく、中華屋がそこかしこにあることがわかる。また、このマップにはラーメン店が入っていないこともお忘れなく（ラーメン店もマップに入れたら、お店で埋め尽くされてしまう）。つけそばで有名な『丸長』以外はすべてメニュー豊富な「町中華」だ。

揚げ物好きには『ことぶき食堂』（P.116）で「ブタカラ」↓『はなや』で「鶏カラ」、というアゲアゲなコースがおすすめ。荻窪は中華屋の揚げ物もハイレベルだ。

昭和を感じたいなら、各地にのれん分け店を有する『丸長』↓駅前の人気ラーメン店『春木屋』のルーツである『春木家本店』へ。歴史ある店で舌鼓、これも町中華の醍醐味。（半澤）

昭和初期の『春木家本店』。当時の屋号は「春木屋」だった。中華＆そばののれん2枚掛け!

新京

本格料理を円卓で、至福のとき

A定食820円。定食は3つ、丼類は5つ同じものを同時注文で、豪華なスープがいただける。今も重たい鍋を振る店主、市橋耕喜さん。

『新京』はのれん分けで広がっていった店。阿佐ケ谷店で出会った市橋さん夫妻が荻窪で独立し、今年で46年になる。「何とか生き延びてきたよ」と店主は謙遜するが、多彩な定食にパーコー飯など本格的な料理が多い実力派だからこそ、舌の肥えた荻窪の人にも長く愛されてきた。円卓の色も目にまぶしい小上がり席には、昼も夜も常連たちの笑顔がはじけている。

JR中央線・地下鉄丸ノ内線荻窪駅南口から徒歩5分。11時30分～15時・17～22時、火休。杉並区荻窪5-9-17　☎03・3398・1714

春木家本店

「不変」の味は「普遍」でもある

昭和6年の創業以来、中華とそばを提供している。初代の妹夫婦が独立してできたのが駅前の『春木屋』で、「本店」は住宅地の中にある。麺もそばも自家製、手抜きはない。「昔のやり方をシンプルに守るだけ」。3歳から店を手伝っていたという3代目古川善啓さんが作る料理は、時代を超えたスタンダード。これぞ昭和の味だが、古くささは微塵《みじん》もない。

荻窪駅北口から徒歩7分。11～15時・17～21時（土・日・祝は通し営業。出前は20時まで）、木休。杉並区天沼2-5-24　☎03・3391・4220

新メニュー「ラーメン」を作りたいと古川さん。中華そば700円と粗挽十割蕎麦800円は創業当時の味。

店主の幸田啓さん、地元の友人でもある竹村皓太さんが店を盛り立てる。チャーハン700円。

中華屋 啓ちゃん

若者が次世代に継ぐ町中華魂

この店、町中華には珍しく「若者の店」。中野の『尚ちゃんラーメン』で修業した幸田さんは、2011年に25歳という若さで店を開いた。若い店だが、お手頃価格でおなかいっぱいという古きよき中華屋魂を受け継ぐ。中華屋を開いた理由を聞くと「普段遣いする人に、毎度違うものを食べてもらいたかったんです」と幸田さん。町中華の未来は、君に任せた！

荻窪駅北口から徒歩５分。11時30分～23時LO（日は～22時LO）、月休。杉並区天沼3-31-35　☎03・3392・0805

はなや

駅前で飲んで食べて、至福の時

荻窪の象徴、タウンセブン１階にある店。勤め人からファミリーまで幅広い客層に愛される駅前中華が、その本領を発揮するのは実は夕方から。常連が鶏カラや餃子、一品メニューなどを肴に喉を潤す光景はもはや荻窪名物だ。「締めの一杯」という言葉はここでは、お酒＆ラーメンのダブルミーニング！ ついつい飲みすぎ、そして食べすぎてしまう。

荻窪駅西口から徒歩１分。11時～23時45分LO、無休。杉並区上荻1-9-1 タウンセブン１F　☎03・3398・3785

いつもの
仲間と飲むのが

日暮れ前から常連たちは杯を傾け始める。鶏カラ400円が名物。ワンコインセット500円はドリンク＋餃子or日替わりおつまみとお得。

荻窪
ことぶき食堂
環八沿いに目立つ看板
食堂 定食・ラーメン ことぶき
ブタカラがおいしい
盛りのいいメニューが人気
チャーハンどーん
バス停風看板がかわいい
有名な春木屋のルーツがこちら
もともとそば屋なのでそばも人気
光陽楼
四面道
青梅街道
三龍亭
中華屋 啓ちゃん
アーケードに並ぶ2軒
春木家本店
店先のサンプルがしぶい
タウンセブンの西友の奥に入り口が
赤い看板が目印
中華料理 虎林
タウンセブン
冨士中華そば
萬龍軒
はなや
JR
荻窪駅
地下鉄
虎林
環八通り
洋食屋のような外観
ふんよう亭
丸長
中華徳大
三ちゃん
あもん
各地丸長の総本山
つけそば
新京
ズラリと並ぶチャーハンの食券ボタン
真っ赤な外観
テイクアウト用窓
想い出す味 あもん
字体がかわいい看板
荻窪二丁目
「みちのく」の正体はしょっつる
みちのくらーめん 百汁番
のれん代わりにのぼりが！
百汁番
ちゃんぽん亭

江戸通りでひときわ目立つ『水新菜館』。ランチ時はいつも行列ができている。

問屋街の町中華は個性派ぞろい

浅草橋

ランチ時には近隣の会社からどっと人があふれ出す。足早に店へ急ぐ客が求めるのはスピード感かもしれない。

見てまわるだけでも楽しいエリア

浅草橋は、いろいろな用事で訪れる街だった。しかし、つい最近までこの街が〝中密地帯〟(町中華が集中している場所)だとはまったく気がつかなかった。今思えば、典型的な町中華の外観を持つ店が少ないからそう感じたのだろう。あらためて町中華に注意しながら歩いてみると、ああ、ここにもある、そこもそうだという発見が続いた。とくに路地裏に多くの町中華があるのもこの街の特徴だろう。

外観だけを見ているのも楽しいが、実際にお店に入ってみると、さらなる発見もある。たとえば、最近できたような外観のお店が実は歴史のある店だったりするのだ。実際、浅草橋は、明治や大正時代に創業したお店がある。

長く続くお店もある半面、閉店していく店もある。以前、浅草橋でもいちばんのお気に入りの町中華が閉店してしまった。ところが、後日行ってみると、すでにそこには新しい町中華ができていた。ここは長い歴史とともに、スクラップ&ビルドを続けるエネルギッシュな街でもあるのだね。(マグロ)

大正12年にこちらの場所で創業した『中華楼』。立派な建物で当時は目立ったことだろう。

Asahi
生

ウチの
あんかけ焼きそば
うまいヨ

料理がおいしいのはもちろん、店主の寺田規行さんのお客さんのさばき方やトークもこの店の名物だ。ギョーザ520円、あんかけ焼きそば900円。

水新菜館

浅草橋の顔ともいえる町中華です

店主・寺田規行さんの曾祖父が果物店を開いたのが明治30年。当時の店名は「水新」。果物を水菓子といった時代で、曾祖父の名が新次郎だからこの店名に。場所は現店舗の向かいだったが、関東大震災後の区画整理で移転。戦後はパーラーとなり、あんみつ、焼きそば、ラーメンなどを出していた。現店主が引き継ぎ「菜館」となったのが昭和47年のことだ。

JR総武線浅草橋駅東口から徒歩３分。11時30分～15時・17時30分～20時45分、日・第２・４ 土休。台東区浅草橋2-1-1　☎03・3861・0577

中国料理 中華楼

大正時代に創業した超老舗町中華

亀戸で和菓子屋をやっていた初代の塚田新一が関東大震災の後、この地で開業。「風水の知識があったので、ここを選んだと聞いてます。隅田川を越えてお店を持ちたいと常々言っていたそうです」とは4代目の塚田素久さん。創業者の「店を広げてはならない」という言葉を代々守り続けている。製麺機のある地下室は戦時中、防空壕にもなっていたそう。

浅草橋駅西口から徒歩６分。11時20分～14時・17時～21時LO、日・祝休。台東区浅草橋３-32-2　☎03・3851・0737

地下で
毎朝、麺を
打ってます

酸辣湯麺880円。戦前からある地下室の製麺機で麺を打つ。右から３人目が４代目の素久さん。

センターが店主の泰江さん。ミソラーメン800円。麺類には半チャーハン（大盛り、特盛り無料）つき。

上海ブラッセリー

無国籍な看板に「中華食堂」の文字！

店の後ろは神田川。道の向こうからでもわかるようにと大きな看板をつけたと言うのは、オーナーの泰江卓朗さん。どことなく異国情緒あふれる店名と看板だ。泰江さんの実家は西船橋の町中華。そこをずっと手伝っていた。浅草橋に店を開いたのは1995年。人気メニューの麺類についてくる半チャーハンは刻んだ紅ショウガが入っていて独特の味わいだ。

浅草橋駅東口から徒歩３分。11時30分～14時・17時30分～23時（土は11～14時・17時30分～ 22時)、日・祝休。台東区浅草橋１-１-８ 丸正ビル１Ｆ ☎03・3863・5311

中国料理 十八番

ニラそば＋小ライスがめちゃ旨い

路地に忽然《こつぜん》と現れるこちらのお店。店頭にはその日のサービスメニューが手書きで書かれている。ほとんどの客はこれを注文するそうだ。店主の八代満さんが、西浅草の『十八番』で働き始めたのは18歳の時。その後チーフとして働き、1992年にこの場所で独立した。表通りでないだけに最初は不安だったというが、今では常連さんたちに支えられている。

浅草橋駅東口から徒歩４分。11時30分～16時・17時30分～21時（土は11時30分～14時)、日・祝休。台東区柳橋２-９-５ ☎03・5820・6818

店主の八代満さん。かに玉丼750円。ニラそば650円は肉とニラがスープに絡んで美味！小ライス150円。毎月、18日は全品150円引きになるので狙い目！

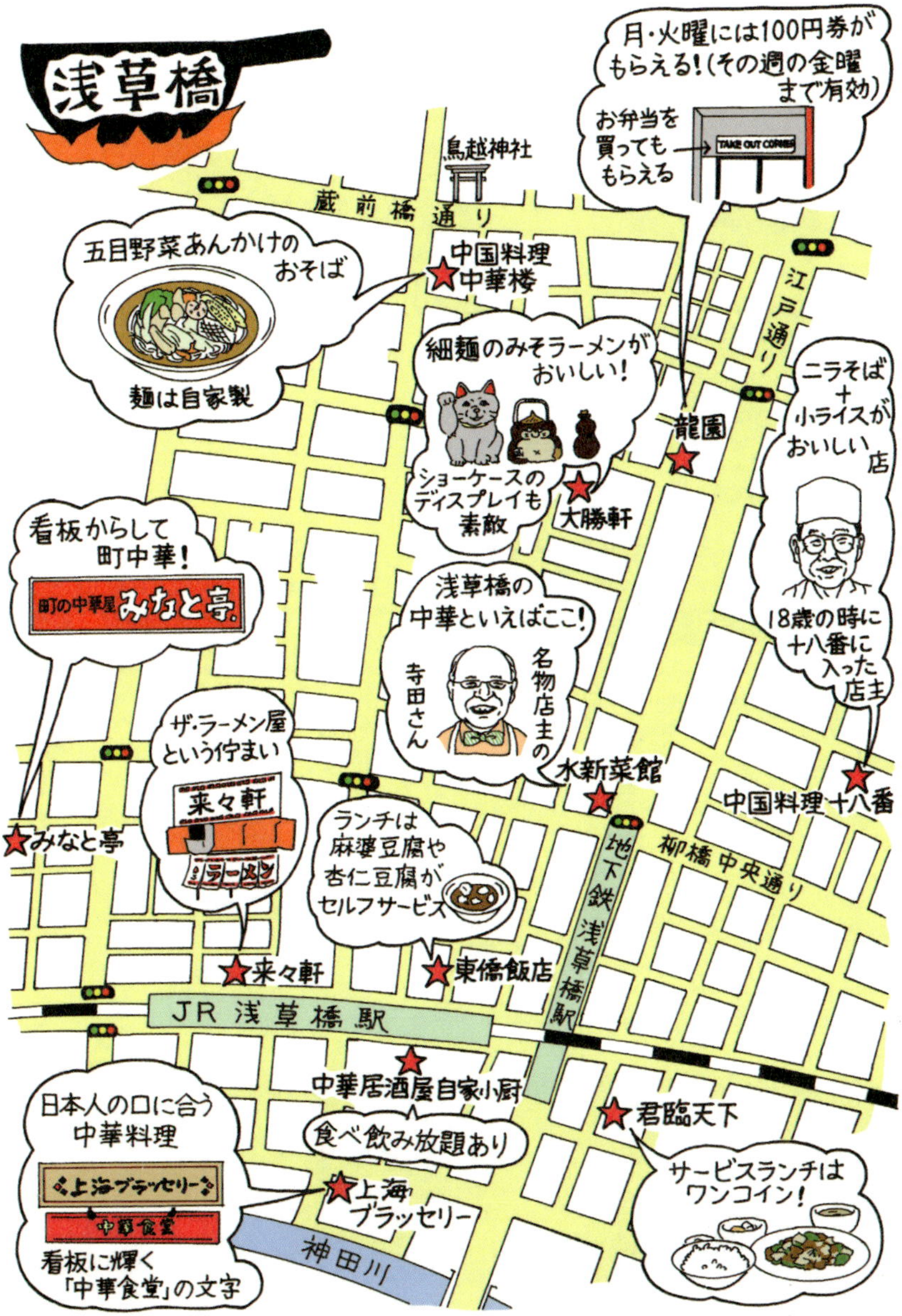
浅草橋
月・火曜には100円券がもらえる!(その週の金曜まで有効)
お弁当を買ってももらえる
鳥越神社
蔵前橋通り
五目野菜あんかけのおそば
麺は自家製
中国料理 中華楼
江戸通り
細麺のみそラーメンがおいしい!
ショーケースのディスプレイも素敵
大勝軒
龍園
ニラそば+小ライスがおいしい店
18歳の時に十八番に入った店主
中国料理 十八番
看板からして町中華!
町の中華屋 みなと亭
みなと亭
浅草橋の中華といえばここ!
名物店主の寺田さん
水新菜館
ザ・ラーメン屋という佇まい
来々軒
ラーメン
来々軒
ランチは麻婆豆腐や杏仁豆腐がセルフサービス
東僑飯店
柳橋中央通り
地下鉄浅草橋駅
JR浅草橋駅
中華居酒屋自家小厨
食べ飲み放題あり
君臨天下
サービスランチはワンコイン!
日本人の口に合う中華料理
上海ブラッセリー
中華食堂
看板に輝く「中華食堂」の文字
上海ブラッセリー
神田川

昭和3年創業の『三河屋』は堀切最古の町中華。3代目店主の原田和佳さん・純江さん夫妻。

日本屈指の〝中密度〟を体験せよ！

堀切菖蒲園

わずか200mの間に町中華がひしめく「ラーメン街道」を中心に、23区内と思えぬ太っ腹サービスを提供中！

荒川の東に散っては咲く中華の花

「この通りは『ラーメン街道』とも言われるけど、自分が学生のころ、この通りには中華屋さんはほんの何軒もなかったんです。入れ替わりが激しくて、つけ麺の『大勝軒』が出たこともあったけど、1年持たなかったんじゃないかな」

この街で生まれ育った『三河屋』のご主人は、こう話す。

その一方で、そんな激戦区だからこそ、とこの街を狙って出店したのが『来集軒』だ。一見かなり長く営業しているように見えるが、実はここに店を構えたのは9年前。ご主人は「亀有に宴会場もある大きな店出して失敗して、堀切のラーメン街道なら宣伝費もかからないと思って移ってきたの」と笑う。

この街では大規模な開発がなされず、チェーン店の手も伸びなかっただけに、町中華全盛期に増えた店が今もガラパゴス状態で残されている。街を西へ東へと歩けば、閉店してしまったものの、ありし日の姿を外観に残す「遺跡中華」も多い。食後の腹ごなしにゆっくり散歩して、昭和遺産の数々を探してみてほしい。（増山）

『三河屋』『タカノ』『来集軒』などが密集し「ラーメン街道」の名で知られる堀切中央通り。

ご主人は栄養士の資格を持ち、シュウマイ450円にもサラダが。五目炒め焼きソバ900円、コーヒー200円。ワンプレート中華1000円にはデザートも。

三河屋

ラーメン街道・現存最古の町中華

渋谷にあった「一番別館」や陳建民氏設立の料理学校で覚えた一品料理を武器に、3代目店主は昔ながらのラーメン屋を中華料理店に生まれ変わらせた。そんな料理を詰め込んだワンプレート中華の後に、200円で食後のコーヒーまでいただけるとはなんともエレガント。だが「私らが休憩中飲むだけじゃもったいないから」という町中華なノリにホッとする。

京成本線堀切菖蒲園駅から徒歩1分。11時30分～14時LO・17時～21時LO、木休。葛飾区堀切4-57-15 ☎03・3602・1579

タカノ

中密地帯の真っ赤な不夜城

24時間営業、そしてラーメン350円、餃子250円という驚異の価格!「自家製なんでこの価格でやれるんです」という麺はシコシコ。甘めの餃子を自家製ラー油が引き締める。当初の屋号「来来来《さんらい》」を創業者の名字に変えつつ40年ほど営業。「常に明かりがついてるから、近所の人は何かあったら駆け込めばいいって安心感もあるみたい」と店長の星野猛《たけし》さん。

堀切菖蒲園駅から徒歩2分。24時間営業、火休（火8時ごろ～水11時ごろ休)。葛飾区堀切5-3-2 ☎03・3690・0945

麺、ラーメンのタレ、凍った卓上の水は梅島本店(休業中)から届く。オムライス700円の調理シーンも必見!

「軒下に
集まって来る」が
店名の由来

来集軒

新店舗に託した、70年の歴史

83歳の河野袈太郎《かたろう》さんは昭和22年、東京の元祖焼き芋屋・三野輪万蔵氏の引き合わせで『来集軒』の総本店に。独立後、「光華楼」と名を改めた高級店や系列の「大来軒」など30店以上を開いたが、初心に帰り『来集軒』の屋号で再出発したのがここ。角煮定食790円の柔らかな食感や広東麺800円の滋味、店内の絵画や書など、すべてが店主の中華人生絵巻！

何を頼んでも箸休めのサラダやフルーツが付く。不良少年を預かり、店主に鍛え上げたことも数知れず。「息子みたいなもんだよ」。

堀切菖蒲園駅から徒歩２分。11時〜翌１時、不定休。葛飾区堀切5-5-1
☎03・5680・6589

宝来

屋台時代を経てラーメン激戦区へ

ランチセットを頼んだら「お茶にします、それともコーヒー？」と思わぬ問いかけが。気前のよさに驚くと「お客さんが使ってくれるお金で買うだけだからさ、なんてことないよ」とご主人。先代は千住新橋にあった「珍来総本店」で麺打ちをしており、昭和27年に独立。「来」の字をもらって屋台から始めた。八広と鐘ケ淵でのれん分けの『宝来』が営業中。

堀切菖蒲園駅から徒歩５分。11時30分〜14時・17〜20時、水休。葛飾区堀切2-54-10　☎03・3697・3254

『三河屋』
さんとは親の
代から友達！

チャーハン＆ラーメンのランチセット850円。ランチタイムは無料ドリンクサービスあり。２代目の萬羽光昌（ばんばみつまさ）さん。

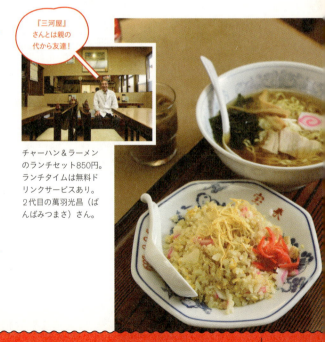

堀切菖蒲園
昭和3年創業の歴史のあるお店
中華料理 三河屋
定食に小皿がたくさんついてくる!
外観は渋めだが内装やメニュー表に意外なかわいらしさが
大八元
「ラーメン街道」に町中華が密集!
浅草の来集軒ののれん分け店
来集軒
硬派な本が並ぶ店内
驚きの24時間営業!
お献立
ラーメン
ワンタンメン
タンメン
モヤシソバ
みそラーメン
タカノのラー油
おみやげ用ラー油
メニュー板の「お献立」がかわいい
堀切中央通り
大八元
来集軒
三河屋
タカノ
京成本線
堀切菖蒲園駅
平和橋通り
ラーメン+半チャーハンor半カレーのサービスセット
+20円で半カルビ丼に!
長門
哈爾濱餃子
美山亭
ご夫婦が作るモチモチ皮の餃子
店先のサンプルが味わい深い
宝来
青い看板が目印の角中華
中華料理
宝来
珍しい段差のある入り口
中華料理 菊亭
菊亭

COLUMN 02

町中華が生まれた浅草の昔と今

ラーメンを日本で最初に出したとされる「来々軒」が開店したのは明治43年。場所は浅草のすしや通りだった。ラーメンだけではなく、シューマイやワンタンなども出しているので、最初の町中華といっていいだろう。「来々軒」を創業したのは横浜の税関職員だった尾崎寛一。横浜中華街から広東省出身の中国人を連れてきて営業を始めたそうだ。この「来々軒」はとにかく人気で、その人気にあやかろうと、その後できた多くの町中華も「来々軒」という店名にしたのだろう。残念ながらこの「来々軒」は昭和19年に閉店している。

「来々軒」の閉店した後も浅草には多くの町中華が店を開いた。まず、昭和23年に創業したのが東武スカイツリーラインの浅草駅北口のすぐそばにある『ぼたん』だ。まさに教科書のような町中華で、長く地元の人に愛されている。

大正2年ごろに「来々軒」の前で撮影されたという尾崎家の家族写真。

(写真提供：新横浜ラーメン博物館)

かつて「来々軒」があったすしや通りの東にある浅草中央通りには、昭和29年創業の『餃子の王さま』がある。餃子はもちろん、そのほかのメニューはどれもおいしい。ミシュランガイドにも掲載された実力店だ。

浅草寺から言問通りを越えた観音裏の『あさひ』(P.56)も見逃せない。創業は詳しくはわからないが、昭和の初めごろだそうだ。普通の町中華だと思っていると、個性的なメニューの数々に驚かされる。また、目玉焼きがのった中華丼もおすすめ。

このほか今もいろいろな町中華がある浅草、散歩しながら店舗ファッサードを見るだけでも楽しい。(マグロ)

店名は「ここの餃子は『餃子の王さま』だね」というお客さんの言葉から。客の多くが注文するのは王さまの餃子420円、たんめん630円。店内には創業当時の写真が。

餃子の王さま

私鉄・地下鉄浅草駅6番出口から徒歩5分。11時15分〜14時30分・16時〜20時30分、火休。台東区浅草1-30-8　☎03・3841・2552

3章

町中華のメニューを研究する

ラーメン、餃子、チャーハン、中華丼……。
定番メニューの形はひとつじゃない。
唯一無二のその味に驚け！

定番メニュー研究①

中華丼

新馬場

あおた

昭和36年（1961）創業

中華丼650円をはじめ、ごはんものはスープ付き。2代目の青田公伯（まさのり）さん。母・三和子さんのまなざしがあたたかい。撮影で近くに来ていた渡瀬恒彦が訪れた際の店内写真にも、歴史を感じる。全員がウマイ！とうなったショウガの効いた肉玉子炒め650円。ライス230円にサービスのスープがセットに。もやしそば600円。硬い焼そば700円。2つの入り口を持つ〝角中華〟。サンプルケースを覆う木はボタン桜からクチナシへと変わった。

中華丼は町中華の実力のバロメーター

看板メニューにしている店は少ないけれど、実力店の中華丼は必ずおいしいと信じている。味付けはもちろん、野菜の炒め方、餡かけの技術、米の質、調理の素早さがもたらすアツアツ感までが問われるからだ。もともとは、ご飯に八宝菜をかけたまかない飯だったと言われ、戦後に誕生した町中華というジャンルが生んだオリジナルメニューのひとつでもある。季節メニューの冷やし中華を除くと、名前に中華がつくのは「中華そば」と「中華丼」だけ。その意味でも、町中華を代表する存在だ。

先代から受け継がれたレシピに忠実な『あおた』の中華丼は、町中華らしいパンチ力と、野菜とダシから生まれるほのかな甘みが混じり合う逸品だ。奇をてらわないオーソドックスな姿に、客に愛されてきた年月の重みを感じてしまう。食欲をそそるカマボコのピンク、塩分控えめな上品スープがまたいい。とろみをつけるとき、高い位置から溶いた片栗粉を細い糸のように注ぐパフォーマンスにも独特のこだわりを感じる。

こだわりと言えば、2代目のトレードマークは30年間変わらぬリーゼントヘアだ。毎日のセットが大変だが、そこは譲れないのである。(トロ)

トロ　町中華に行き始めたころは、中華丼を食べればその店の実力がわかるって強く主張してたなあ。

増山　荻窪の『中華徳大』（P.52）のおやじさんも、きれいな中華丼を出すには腕がいるって話してました。

半澤　僕も、具材が多いメニューだから、その店の食材の方向性を知るのに頼むことは多いですね。

マグロ　僕は知らない店で最初に頼むのは勇気いるな。ある程度おいしいのがわかってから、2度目、3度目で攻めますね。当たり外れも多いから。

トロ　そういうギャンブル性はあるね。俺は麻雀の出前で重宝してたんだ。片手でも汁がこぼれないし、餡で米粒がキレイにまとまるからチャーハンみたいにポロポロこぼれない。

マグロ　違う名前で出てることもあるね。「うま煮丼」とか。

増山　なぜか「うま煮丼」のほうにそそられる！　町中華には驚きを求めているので、食品サンプルに目玉焼きがのってたら頼みます。余った具をランダムに入れてる店も好き。

マグロ　目玉焼きが入ってる店は1％切るんじゃないかな。神楽坂の『龍朋』（P.112）みたいに、ひとひねりある料理が多い店で何気ない中華丼が出てきて、びっくりすることもあるね。

半澤　そういえば、中華丼専門店って聞かないですね。チャーハンも餃子も専門店があるのに。

トロ　そういうメニューに比べて、いまいち華がないんだ。100点はなかなかない。80点はあっても、そういうものでいいのよ。歌がうまいのに売れない演歌歌手みたいなもんかな。

増山　そんな中、こちらの中華丼はどうですか？

マグロ　アッチ！　熱々だ！　しいたけの存在感がハンパないですね。ごはんの硬さもちょうどいい。

増山　同じ餡でも、硬い焼そばの餡は酢が効いてるんですね。

半澤　自分でも足すお客さんいますよね。すごくお酢が合う味だ。

トロ　調理スピードも譲れないね。ヤケドするくらいアツアツじゃないと。

増山　1分半くらいでできあがっちゃいましたね！　仕上げに加えてた調味料は、なんですか？

2代目　ごま油で香りを加えてます。

見よ！　このボウルの高さ！　引退した初代・青田友宏さんに代わり、公伯さんが鍋を振るう。

スープは1種類で、動物系のだしはトンコツと鶏ガラだけ。あとは野菜です。

マグロ　基本の「き」の味だ。

2代目の髪形も親父の味も変わらない！

おかみさん　主人と二人で昭和36年に開店したんですけど、そのころはイカやうずらも入ってたかな。当時は平屋の借家で、雨漏りして大変だったの。

マグロ　昔はこのあたり、人通りがすごかったそうですね。

おかみさん　私が来たころは、店のすぐそばまで入り江が来てて、漁師さんがたくさんいたんです。

半澤　そのころからメニューはあんまり変わってないですか？

2代目　前はカレーライスやカツ丼、たぬきうどんもあったみたいですよ。

トロ　ご主人はいつから厨房に？

2代目　自分が27〜28の時ですね。最初は飲食店でアルバイトしてました。一緒にやってたころはケンカしながらでしたけど、結局親父の味を継ぎました。おふくろがお客さんにこの味どうですか？って聞きながら。

トロ　代替わりするときは、店も探り探りなんですね。ところで、2代目の髪形は野球由来？　それともロック？

2代目　50年代の音楽が好きで、ニール・セダカやポール・アンカ、『アメリカン・グラフィティ』の影響も。

おかみさん　矢沢永吉のファンなんです。

2代目　大ファンではあるけど（笑）。

マグロ　中華のご主人でこれだけビシッとしてる方は珍しい！

半澤　髪形キメるのは、仕込みの前ですか？

2代目　朝7時から仕込みやって、そのあと風呂入ってからスタンバイっていうルーティンですね。まずディップで留めて、チックで固めて、スプレーで仕上げます。

増山　優しい味の中華丼に、そんな気合が込められてたなんて！

カウンターもテーブルも椅子も真っ赤なザ・町中華。12時にはサラリーマンたちがこうして肩を寄せ合うのだ。昔懐かしいラーメン500円もおすすめ。

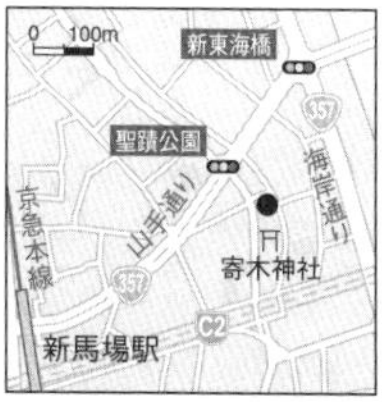

あおた●京急本線新馬場駅から徒歩8分。11時〜20時ごろ、日・祝休。品川区東品川1-35-3　☎なし（出前不可）

定番メニュー研究②

冷やし中華

市場前

やじ満《ま》

昭和23年（1948）創業

取材は2018年4月、築地市場時代に行った。現在は豊洲市場に移転。冷し中華そば850円、新あさりらーめん1150円、チャーシュー冷し中華そば1150円（価格変更の可能性あり）。10〜3月はあさりらーめんに代わりカキらーめんが。ジャンボ焼売4個720円、ライス並200円。「ジャンボ」という割に大きくない、との声に発奮した3代目が、さらにジャンボ化させた！ バット3つ分にこんもり盛られたひき肉が、おかみさんや若手従業員の手作業で1日約250個の焼売に。

正統派の具材をノスタルジックな甘いタレで

当たり前だけど、冷やし中華は冷たい。熱々の湯をくぐった麺はその後、冷たい水で一気にしめられる。温かいメニューが多い町中華において、「冷たい」が前提のこの料理は特別な存在だ。そしてこれも当たり前だけど、冷やし中華は中華である。麺、タレ、そして具材の一体感が何より重要。一つの器の中ですべてを表現するという、中華の本領が試される。

そんな当然なことがいかに素晴らしいか、あらためて実感させてくれるのが豊洲市場の『やじ満』だ。太めの玉子、こちらもちょっと太めのキュウリ。肉々しいチャーシューに刻み海苔。そして、紅しょうがと練り辛子が器を色あざやかに彩る。まさに冷やし中華のイデアだ。とはいえ最大の特徴は、コクのある甘めのタレ。聞けば創業以来、ベースは変わっていないそう。これがなんともクセになる味なのだ。「恋も冷やし中華も甘めに限る」、とまた一つ町中華の格言が生まれる。ノスタルジックで元気が湧く味は、なるほど70年以上も愛されてきた市場メシ！ 2018年10月に築地市場は豊洲に移転した。新市場には赤いのれんが掛けられ多くの客が訪れている。この冷やし中華が豊洲の夏の風物詩になる日も近そうだ。（半澤）

トロ　冷やし中華といえば、昔「全冷中（全日本冷し中華愛好会）」って団体があって、僕らが町中華探検隊を作るときも意識したよね。

マグロ　山下洋輔が会長で、タモリとか文化人が集まって、「冬に冷やし中華が食べられないのはアメリカの陰謀」なんて話をしてたんだよ。

増山　そんな先達がいたんですね！　でも探すと、一年中冷やしが食べられる店も結構ありますね。

半澤　代田橋の『代一元 本店』(P.128参照) もそう。自家製麺に、白髪ネギがたっぷりのっててうまいんですよ。

トロ　具材やビジュアルが特に幅広いメニューだよね。神楽坂の『龍朋』(P.112) は、幅広の薄焼き玉子がいい。

マグロ　蒲田の『百番』みたいにタレがジュレになってる店もあるよ。

半澤　『やじ満』のは、文句なしにクラシック。

トロ　かんすいが効いた麺も昔ながらだね。

増山　細麺が、夏バテの体でもスルスルいけます！

マグロ　甘さが前面に来るタレ、昔ながらのご馳走感があるね。

3代目　こんな甘いの冷やし中華じゃねえ、って人もいるんですけどね。ごま油とすりごまを使ってるので、ラー油かけてもおいしいですよ。

半澤　それ、絶対合いますね！

70年紡いだ味が大きな転機を迎える

マグロ　以前こちらで修業されていた三河島の『すずき』(P.138) さん、『やじ満』さんの寄せ書きが宝物なんだって、行くたびにおっしゃってますよ。

2代目おかみさん（以下、おかみさん）　そうでしたか、あの方も長かったんで。うちは家庭的な雰囲気でやりたいなと思ってるんです。

半澤　『やじ満』さんは周りのお店と仲が良くて距離感が近いですよね。

トロ　最初から家族経営ですか？

3代目　じいさんが初代で、うちのおやじと、おやじの兄夫婦に任せて、それをばあさんが取り仕切っていたと聞いてます。じいさんは飲食業組合の会長もやっていたので、ほとんど現場には出なかったそうです。

おかみさん　私は、主人のお兄さんが

目玉焼と焼売の盛り合せ700円、ヌカ漬けきゅうり200円。上質な部位を使用したこだわりチャーシュー（半分）600円。

独立してから店に出るようになりました。昔はちょっとでも料理が出るのが遅いと「何やってんだ！　もう帰る！」って声が飛んできたんですよ。もう怖くて怖くて。

3代目　以前は場内のテイクアウトも多かったし、厨房裏のスペースで時間のない常連さんがパパッと食べていくこともありました。

半澤　今以上に、男の世界だったんですね！

マグロ　冷やし中華の味は、おやじさんの味そのままなんですか？

3代目　おやじから引き継いだ味をちょこっと変えてます。おやじが病気で余命1年の体にむち打って出てきてくれて、「お前が変えていくなら変えていい、でも基本の作り方だけはしっかり覚えろ」って。

増山　先代に直接お料理を教わったんですね。子供のころもですか？

3代目　小学生のとき、たまに日曜に仕込みがあると、その間場内の広場で遊んだり、中学や高校の夏休みに来て皿洗いを手伝ったくらい。妹のほうが長く店に関わってます。

半澤　さっき、シューマイの仕込みを手伝っていたヘルメット姿の方も長いんですか？

おかみさん　あの方は築地6丁目から来てもらってる肉屋さんです。主人の代からの長い付き合いで。

マグロ　玉ねぎまで投入してたので、『やじ満』さんの方かと！

増山　築地の場外の『幸軒』さん（P.134）で、近くの豆屋のお兄さんがお茶を淹れてた風景を思い出しました（笑）。

おかみさん　ねえ。みんな人情味があるんですよ。

マグロ　豊洲に移転して、そういう風景も変わりますよね。

半澤　でもこの冷やし中華は、変わらない味であってほしいです！

3代目妹さん＆その娘さんによる色鮮やかな手描きPOPが、男前な店内を彩る。

やじま●ゆりかもめ市場前駅から徒歩3分。5〜13時、日・祝・休市日休。江東区豊洲6-6-1 豊洲市場7街区管理施設棟3F　☎070・7491・0349

定番メニュー研究③

餃子

飯田橋

餃子の店　おけ以

昭和29年（1954）創業

餃子600円。蒸し焼きにしたあと大豆油を回しかけてサクッと仕上げる。生ビール510円はプレミアムモルツ。すっきり丁寧な仕上げのタンメン680円、ふんわり卵がたまらない夜限定のニラタマ880円。イメージカラーの緑や、厨房との境目に観葉植物を置くスタイルは神保町時代から。皿のみならず、醤油入れやナプキン、箸立てに至るまで「おけ以」の文字が刻まれた調味料セットが緑のテーブルに映える。店名の由来は2代目啓一さんの名前だという。

素材そのものが何よりの調味料!

町中華にも、家の食卓にも、高級中華店にも姿を現す餃子。経験頻度が高いゆえ、誰もがうまい！と思える形を提示しづらい料理ではないだろうか。そんな中、最大公約数をハイレベルに磨き上げたのが『おけ以』の餃子だと思う。行列が途切れるランチタイムの終了間際にスッと潜り込んで、入店成功。注文して間もなく、焼きたての餃子が出てきた。つややかに輝く焼き目。ぷるんとした皮には肉や野菜の旨味が染みている。そしてサクッと噛み締めると、全部の具材の味や食感がはっきりとわかるのだ。八角のような特殊な香辛料が立っているわけではなく、ただただうまい。ひとつ食べ進むほどに、さらに食欲が湧いてくる。食前酒というものがあるが、食前餃子とでも言いたくなるくらい、このうまさが呼び水となって、食欲がどんどん湧いてきて困った。なんだったんだ、あのうまさ……。のれんをくぐったあとも興奮が醒めず、まるで映画館から出てきたあとのように、その余韻が1時間くらい続いた。具がヌルっとした餃子や、油でべちょっとした餃子、焦げ過ぎた餃子。どんな餃子も、餃子というだけで、すべて愛おしい。だがたまには、こんな餃子にひれ伏してみたくなる。(増山)

マグロ　『おけ以』は浅草の『餃子の王さま』(P.78参照)と一緒に、ミシュランガイド東京2018ビブグルマンに掲載されて話題になったよね。

増山　最初は餃子専門店だと思ってました！　餃子専門店と町中華って、外観で見分けにくいですよね。

マグロ　『餃子の王さま』も餃子専門店に思っている人も多いかと思うけれど、立派な町中華なんです。

半澤　ラーメンがあるかないかが分かれ目になるのかな。

増山　よく考えたら、おかず一品で勝負する専門店ってすごいですね。

トロ　餃子は戦後に広まった食べ物だけど、パワフルさがあるから、明治時代からあったシューマイをやっつけてここまで人気になったのかな。でも実は、探検隊を始めるまで、ニンニクが苦手であんまり餃子は頼まなかったんだよ。

半澤　僕も、弟が餃子好きだったから、自分の料理じゃないイメージ。

増山　人生が好みに反映されるのかも？　でもこの餃子、嫌いな人のいない味だと思うんです。ご主人、作り方を教えていただけますか。

ご主人　大きめにひいた豚のバラ肉に、塩こしょう、生姜、ごま油を入れて手でペースト状になるくらいよく練ります。それを一晩寝かせて、白菜とニラを切って合わせる。皮に包んだあと冷凍して、皮の余分な水分を飛ばして、肉の旨味が野菜の中に入りやすくしています。

増山　普通に家庭で手に入る材料でもこんなにおいしいのは、工程に秘密があったんですね。

半澤　口にするまで3日くらいかかるんですね！　焼くときけっこう油を使うのに、さっぱりしてます。

トロ　気取った味じゃないところが好き。家で食べてもおいしい味。

マグロ　ごはんにも合うんだよ！

ご主人　餡も皮も最高にできた時は、自分でもこりゃうまいなって思います。

機械打ちだとツルっとしすぎてしまうため皮は自家製を貫く。

毎日作って食べててもそう思うんだから、お客さんに出しておいしくないわけがない。そういう自負を持ってやってます。

サラリーマンに愛され続ける満州由来のレシピ

マグロ　お店は昭和29年に神保町で開店してるんですよね。

トロ　ご主人は何代目ですか？

ご主人　3代目になります。創業者の田中ヒロ子さんが仕事の関係でご主人と一緒に満州に渡って、地域の人との交流の中で餃子を覚えて始めたそうです。戦後、神保町のあたりにそうやって始まった中華料理店がたくさんあったんですね。白山通りからさくら通りに入って、100mくらい進んだ所にあって、平成元年に飯田橋に移転しました。

マグロ　神保町にあったころは、すごく大人の店に見えたなあ。

半澤　なぜ移転されたんですか？

ご主人　バブルのころその一帯に立ち退きの話が出て、創業者の田中さんが亡くなったことも重なって。半年くらい経ったころ、息子の啓一さんが店をやることになって、ここに物件を見つけたんです。貼り紙もなく辞めてしまったんですが、常連だった愛川欽也さんが、再開したことをテレビで話してくださって。

半澤　それで昔のお客さんも訪れるようになったんですね。ご主人は前のお店でも働いてたんですか？

ご主人　私はこの店で神保町のころからお世話になってる工務店の長男坊で、その縁で働いてるんですよ。啓一さんが体を悪くして閉店したいって話していたころ、うちの工務店もうまくいかなくなってきたんで、お世話になった縁もあるし、従業員の方に教えていただきながらやりましょうということで継いだのが平成17年。回転が悪くて経営が厳しかったんで、昼は餃子やタンメンを主体に絞って、夜は一品料理を出す形に変えたんです。

増山　驚きの転身！　でも、職人仕事として共通するところもあるのかもしれませんね。

半澤　店を継いだら好きなようにやる人もいるけど、よりよく回すことを優先させたって、カッコいい！

「泊まりがけで餃子を包んでいた時期もありました」。馬道仁さんは、二級建築士でもある。

ぎょうざのみせ おけい●
JR・地下鉄飯田橋駅から徒歩3分。11時30分～13時50分LO・17時～20時40分LO、日・祝・第3月休。
千代田区富士見2-12-16
富士見フラワーハイホーム
☎03・3261・3930

定番メニュー研究④

タンメン

亀戸

天龍

昭和42年（1967）創業

丼からあふれそうなタンメン756円。大人の顔もスッポリ入る丼を手にした2代目ご一家。目を引くようにとランダムに赤文字を入れたメニューに先代の遊び心が見える。特製ギョーザ540円、キリンラガー中瓶540円とともに「タンギョービー」！激辛ラーメン756円は、豆板醤などさまざまな辛味素材で5年以上寝かせた自家製辛みそが味の決め手。新鮮なレバーを使ったレバーいため756円は、レバーが苦手な隊員も絶賛！九条ネギ玉594円はオムレツ風。

“攻めタン”と“守タン”の間をゆくこの食感！

若いころはタンメンが好きじゃなかった。町中華のメニューの中でもタンメンは、おっさんがよく食べている地味なメニューというイメージだった。ところが、45歳のとき、突然タンメンが食べたくなり、食べてみたらこりゃ、旨いじゃないかということになった。僕がおっさんになった瞬間だ。以来、タンメンがおいしいと言われている名店を巡っている。当時の僕は野菜がシャキシャキ系のタンメンが好きだったのだが、名店のそれは野菜がくたくたのところが多く、少々がっかりした。

しかし60歳になった今、歯も弱りかけているせいか、シャキシャキよりも少しやわらかいのが好きになってきた。ちょうど、亀戸にある『天龍』のタンメンが今の自分にピッタリだ。こちらのタンメンは“洗面器タンメン”と称されるほど量が多い。少食になってきた僕は、初めて見たとき、食べられるかどうか不安だったけど、食べ始めるとおいしいので、最後まで食べられた。ちなみに『天龍』のメニュー表には最初にタンメンがある。そして、老若男女問わずタンメンを食べている。もはや、町中華を代表するメニューなのだ。地味なメニューだと思ってて、ごめんね、タンメン。（マグロ）

マグロ　20代のころは、タンメン、餃子、ビールって組み合わせはおっさんのやることだと思ってたよ。

トロ　俺は渋いな、って思いながら見てた。ギトギトしてないし栄養あると思って、よくタンメン頼んでたなあ。

半澤　そうなんですね。僕も地味なものってイメージが強いけど、『天龍』さんのは肉が厚めでうれしい！

マグロ　適度に柔らかい野菜もいいね。前は四ツ谷の『こうや』みたいにシャキシャキに炒めた野菜の〝攻めタン〟が好きだったけど。

増山　東陽町の『来々軒』は柔らかく湯がいた〝守タン〟ですね。『天龍』さんはその間くらいの食感が絶妙だなあ。

トロ　タンメン自体、ハズレが少ない守りのメニューだよね。それにしてもこの丼、鍋みたいにデカいね！

マグロ　でもこれが意外と食べ切れるんだよ。

半澤　量のインパクトがすごい！でも真髄はそこじゃないですよね。

2代目　はい、野菜たっぷりなのがウリなので！おやじの代から国産野菜にこだわってます。チマチマしたのが嫌いな人で、ガバガバ野菜を入れてました。

増山　この冬は野菜が高かったから、大変だったでしょうね……。

2代目　先月まで3倍くらい高くって、でも野菜少なくするとうちのタンメンじゃなくなっちゃうんで。おやじが絶対にって言うんで、高くても国産のままで、量も変えませんでした。頑固で誰の言う事も聞かず、我が道を行く人なんです。

半澤　初代のお父さんから続く意地が詰まった一杯なんですね。

2代目　スープは少し変えました。おやじの代ではスープは沸騰させずに作ってたんですけど、麺が一番出る昼にスープのピークがくるように少し煮立てて、少し背脂も入れて今風に。

トロ　両方の世代に受けなきゃいけないのが2代目の難しいとこですよね。

タンメンの野菜はたっぷり。炒めず煮るのが天龍式だ。

頑固おやじの背中を見ながら学んだ味

マグロ　人気の激辛ラーメンも、お父さんの代からあるんですよね。

2代目　はい、おやじが辛いもの好きなんで。辛いラーメンっていったら、ラー油をかけるおろちょんラーメンくらいだったころ、激辛ブームの前に始めてましたね。

マグロ　おやじさんの目の付けどころが独特なんですね。先代はどちらご出身なんですか？

2代目　両親とも富山です。修業先の、恵比寿にあった「天龍」の店長さんも。

増山　レスラーの天龍源一郎さんじゃなく修業先の屋号だったんですね。

半澤　さっき息子さんに聞きましたけど、小さい時から2代目は厨房でお父さんの背中を見てたそうで。

2代目　遊び場みたいなものでした。教わったわけじゃないけど、やっぱり見てたんでしょうね。おやじが頸椎傷めて腕が上がらなくなったとき、おふくろと嫁で3人四苦八苦しながらもすんなり移行できたんです。

マグロ　そのころからメニューは変わらないんですか？

2代目　昔はカツ丼やオムライスもありました。どんどん絞って、今は中華丼すらなくなりましたけどね。

半澤　でもその分、おつまみやお酒は豊富なんですね。まさに町中華だ！

トロ　2代目からの新メニューもあるんですか？

2代目　阪神ファンつながりで京都のネギ農家さんから九条ねぎを送ってもらえることになって、「ネギ玉」を作りました。餃子にも使ってます。

増山　亀戸からなぜ阪神ファンに？

2代目　昔トラックの仕事で関西に行ってたころに試合に連れて行ってもらって。祭り好きなんで、にぎやかなとこが大好きで気風が合ったんです。

トロ　ファンもお店に集まります？

2代目　はい、全試合店内で放送してるんで！　試合観るのに店休むわけにいかないんで、入れてもらったんです。

マグロ　やっぱり厨房から見える角度にテレビが置いてあるんですか？

2代目　見えないんですよー。お客さんの反応見ながら作ってます。「あー！」って聞こえると、俺も「あー！」って急いで鍋振って（笑）。

プロレスラーのサインや阪神のポスターがひしめく奥の席にて。2代目の息子さん・虎樹くんのおすすめはマーボーメンだそう。

てんりゅう●JR総武線・東武亀戸線亀戸駅から徒歩5分。11～14時・16時30分～21時30分LO（土・日・祝は通し営業）、月休（月1回火休あり）。江東区亀戸6-56-9　☎03・3682・4176

定番メニュー研究⑤

チャーハン

千駄木

一寸《ちょっと》亭《てい》

昭和48年（1973）創業

チャーハン730円。初代の大塚貞夫さん（中央）と2代目の真也（まさや）さん（左）、移転後から働くスタッフの方と3人で切り盛り。五目チャーハン900円、移転後の新メニュー・カニチャーハン980円。某メニューは専門店のプロも食べに来る実力派。モヤシソバ800円とワンタンメン800円。スープは共通だが、とろみの有無で味が違って感じられる。1枚1枚が大きめののれん。潔く屋号だけを染め抜いているのがカッコイイ！ 路地裏でひときわ冴え渡っている。

ナルトが生む味は〝ちょっと〟じゃないうまさ

美しいチャーハンを出す店があるという話を小耳にはさんだ。すぐにスマホで検索をしてみた。そこにあったチャーハンは、薄茶色のご飯に細かく刻まれたピンク色のナルト、黄色の玉子といったコントラストがとても美しいものだった。チャーハンのビジュアルとしては、ちょっと珍しいかもしれない。それだけにどんな味なのかを想像できなかった。

気になりだしたら、もう我慢できなかった。他に行かなくちゃいけないお店もあったが、翌日の昼には、そのお店、谷中にある『一寸亭』ののれんをくぐっていた。注文するのはもちろんチャーハン。出てきたものはネットで見るよりずっと美しいビジュアルだ。ひとくちいただくと、う、うまい！

僕は少し警戒した。ひとくち目がおいしいチャーハンは、途中で飽きてしまうことがあるからだ。しかし、それは杞憂に終わる。最後のひとくちまでおいしくいただけたのだ。理由は細かく刻まれたナルトなのではないかと思う。調味料は抑えめにして、ナルトの旨みで最初から最後まで一定のおいしさを保っているのだ。こんなの初めて食べたよ。旨いねぇ。ありがとう、H隊員、ありがとう『一寸亭』。おいしいチャーハンでした。（マグロ）

半澤　チャーハンは、初めて行く店でよく頼みます。チャーシューもスープの味もわかるし、お店の全体像が一杯で見えるメニューですよね。

増山　私も、同感です！　1人で行くとき一番重宝してます。

トロ　町中華ファンの人は、ぜひ食べ方も気にしてほしいんだ。

マグロ　スープでレンゲを湿らせたり、ちょっとつぶしたりとかね。

トロ　そうそう、どんな方法でもいいけど、自分の投球フォームを固めてほしい。いつも同じ食べ方なら、店ごとの違いもよくわかるから。

半澤　ここのチャーハンは、油控えめですごく食べやすいですね！

トロ　カニのだしもよく出てる。

増山　五目も和風で好きだな〜。

半澤　3つとも個性がはっきり。

マグロ　でも、食べ飽きない！　この味はずっと変えてないんですか？

初代　昔のチャーハンだよね。今じゃナルト入れる店も減ったけど、これがおいしいと思うんです。

半澤　刻んだナルトとチャーシューからだしが出てるんですね。

2代目　玉子の硬さとか、ラードの量も気にしながら作ってます。

増山　ラードなのにあっさりしてるのは、量が秘訣なんですね。

7席の小さな店から広がる大きな輪

トロ　メニューがたくさんあるのは、開店当時から？

初代　いえ、どんどん増えました。

2代目　開店時の写真を見るとラーメン100円って書いてあります。

増山　あ、カツ丼も発見！

半澤　最初から中華じゃないものもやってたんですね。

初代　下町なんで、ちょこちょこ来てくれる人が飽きないようにね。

マグロ　ところでこの変わった店名、どんな理由で付けたんですか？

具材は細かく刻んだチャーシューとナルト、卵のみ。このピンク色がうまさの決め手。

初代　最初、店が4坪しかなかったんですよ。カウンターだけで、7席。はす向かいの砂時計屋さんになっているところから、ここが空いたんで平成元年に移ったんです。

トロ　じゃあ「ちょっと」は、狭いっていう意味？

初代　そうそう。ちょっと横っちょにある店で、ちょっと寄ってくださいっていう意味もあるし、下町にはぴったりの言葉だと思ったんです。

半澤 ご主人は、いくつのときに独立されたんですか？

初代 25歳です。薬品関係の会社に勤めてたんですけど、いつも上司に怒られてばっかりで。怒られないためには自分でやればいいんだと思って、市川で親戚がやっていた中華屋で修業して、昭和48年に店を出したんです。当時このあたりにはお店がなくて、こんなところでよくやるねって随分言われました。でもここ、小学生の通学路で、子供たちがお客さんを紹介してくれたんです。小遣いを持って１００円のラーメンを食べに来てくれた子たちが、家族や学校の先生も連れて来てくれて。

棒棒鶏（中）500円、豚もつ煮450円に生ビール580円を添えて。赤ワインや冷酒、カシスウーロンなどもそろう。

2代目 今、その子たちが大きくなって、お子さんと一緒に食べに来てくれてるんですよ。

増山 お店も、お客さんも2世代目になっているんですね！ 2代目からの新メニューもあるんですか？

2代目 茄子のメニューがなかったんで作って、お酒も増やしてます。

半澤 2世代分のメニューが詰まってる感じが楽しいです！

トロ 移転して変わったことってありますか？ 客席だけじゃなくて厨房も広くなってますよね。

初代 そうなんですよ。厨房が狭いと、稼げないんです。

マグロ なるほど、名言だ！

初代 厨房が狭いと動けないし作ったものも置けない。だから厨房が広い店は売り上げもあると思いますよ。店が4倍になれば売り上げも4倍になる！ と思って思い切ったんです。

増山 店主のみなさんがお店を作るとき、悩むとこなんですね。この小上がりは厨房に取られなくてよかったな。今度ここで飲みましょうよ。

半澤 そのときはチャーハン1人前、1人でまるまる食べたいです！

初代 お待ちしてます！

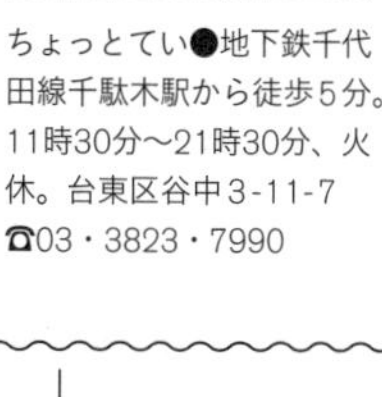

ちょっとてい●地下鉄千代田線千駄木駅から徒歩5分。11時30分〜21時30分、火休。台東区谷中3-11-7
☎03・3823・7990

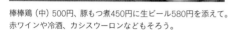

定番メニュー研究⑥

焼きそば

御茶ノ水

お茶の水、大勝軒

平成18年（2006）創業

復刻版硬い焼そば970円は1日10食限定。店主の田内川真介さん。製麺機のそばに山岸一雄氏の写真が。「元祖つけめん」として知られる特製もりそば770円。旧東池袋大勝軒の前身「丸長」は日本そばがルーツ。魚介だしが生きる。復刻版冷やし中華870円（GWごろ〜9月中旬ごろ）。タレを湯で割ると魚介だしがふわっと。生ナルトの旨味も味の決め手。復刻版メニューよりカレーライス770円、タンメン970円。大勝軒のまかない飯350円は田内川さんのオリジナル。

“懐かしい”じゃ収まらない、リッチなうまさ

町中華探検隊隊長を名乗りながら、最近まで焼きそばに偏見を持っていたことを告白しなければならない。若い頃、インスタント焼きそばを食べすぎたせいか、金がない月末に家で食べるものという思い込みに支配されていたのだ。探検隊メンバーと食べに行くときも、誰かが「焼きそば頼もう」と言うと、なんで？ と思ってしまうのだった。

しかし、どうやら僕は町中華不動のメニューとして愛されてきたその実力をあなどっていたようだ。店で食べる焼きそばは、香ばしさも野菜のシャキシャキ感も麺の歯ごたえも、家でのそれとはまったく違うのである。麺と豚肉、もやしが奏でるハーモニー。それでいて凝った技巧を感じさせない敷居の低さ。食後にティッシュで唇の周りを拭かずにはいられない油っこさも、ヘルシー志向を無視して頼もしい。

僕がとくに好きなのはかた焼きそばだ。序盤は硬派な麺の主張を楽しみ、中盤以降、餡と調和して味変を起こす二段構えの食事になるのがいい。とろりと甘いアツアツの餡を、酢や辛子で気に入った味に変身させる楽しみもある。いや本当に悪かった。僕は腰を45度曲げて焼きそばに謝りたい。（トロ）

トロ　俺は普段あまり焼きそばって頼まないんだけど、これは食べた瞬間、紹介したい！と思ったな。

マグロ　この焼きそば、もりそば（つけめん）で有名な旧東池袋大勝軒で、故・山岸一雄マスターが出してたメニューなんだよね。店主の田内川さんがこの店を開店するとき、山岸さんから引き継いで再現したんだよ。

増山　根津の『オトメ』（P.44）の焼きそばみたいに、麺が空気を含んでサクサクになってる！　たまらないです。

半澤　餡の酸味が絶妙！　味が完成されてるから、酢のあとがけがいらないですね。

マグロ　逆に、三河島の『すずき』（P.138）だと、飲みながらゆっくり食べる人のために、お客さんが後から麺にソースをかけてほぐせるように、薄めの味付けにしてるんだって。

半澤　僕も飲むと焼きそば頼みますね。日曜にビールと合わせる、これ以上の幸福ってないですよ。

増山　それ、いいね〜！　焼きそばって、メニュー名を見ただけだと何味なのか、餡かけなのかどうかがわからなかったりして、賭けの楽しみもありますよね。

師匠との約束が生んだ幻の焼きそばの味

トロ　しかし、復刻版メニュー、どれもうまいね！　まいったなあ。

マグロ　カレーライスもタンメンも攻めてるでしょ？　神田カレーグランプリでも優勝したからね。甘みもコクもある。これが山岸さんの味だと思う。

増山　どのメニューをとっても、その名店と言えるおいしさですね！

半澤　「復刻」と言っても、単に昔懐かしい味とは方向性が違いますね。全然古くさくなくて、今食べてもおいしいのがすごいなあ。

トロ　今復刻してるメニュー、やめたのっていつごろなんですか？

自家製の麺はやや低めの170℃で揚げ、サクサクした食感に。

ご主人　昭和40年代にはもうほとんどなかったんじゃないですかね。独立してこの店を出すときにマスターから言われたのが、味を絶対変えないことと、昔のレシピをすべて復活させることだったので、ひとつずつ復刻しているんです。麺はマスターと同じ型の機械で、毎日打ってます。実はもりそばのスープの甘酸っぱい味は、復刻版の冷やし中華がヒントになってるんですよ。

半澤　もりそばこそが元祖っていうイメージだけど、そのヒントになったのが冷やし中華なんですね！

ご主人　もりそばの鍵になる部分をちゃんと復刻させないと、どうやってもりそばの味が完成したのかがわからないんでね。僕自身、昔の味を知りたかったので、マスターに作り方を教えてもらったんです。

入り口の階段を上がったところに旧東池袋大勝軒時代の街区表示板や鍋蓋、写真などがあり、ミニギャラリーのよう。

トロ　単なるレシピのコピーじゃなく、山岸さんの発想をちゃんとたどってこの味ができているんですね。

半澤　旧東池袋大勝軒での修業はいつごろからされてるんですか？

ご主人　大学生のときです。そのあとはマリンハーバーで海の仕事をやっていて、海も好きだし、いい仕事だったんですけど、このままやってたら自分がだめになるんじゃないかって思って。一番大好きだった大勝軒で一から出直そうと決心して入り直したんです。子供のころから家族で通っていて、中学、高校のころには1人で。ランチタイムには学校サボって食べに行きました。これだけ食べてると、マスターならこうやるんだろうなって、だいぶわかるんです。

トロ　そんな姿を見ていたから、味を継ぐならこいつだ！って思ったんでしょうね。これから復刻するメニューで難しいのってどれですか？

ご主人　やっぱり、カツ丼ですね。揚げて、煮て、だから人変ですよ。

増山　復刻し終えたら、ご主人のオリジナルメニューも？

ご主人　僕のオリジナルってまかない飯しかないんですよね。でも復刻版を全部完成させたら、目線はかなり変わるんじゃないかと思います。

半澤　今度来たら、復刻版のシューマイも食べてみたいです！

トロ　俺はやっぱりカツ丼だな。何年でも待つよ！

おちゃのみず、たいしょうけん●JR・地下鉄御茶ノ水駅から徒歩6分。11〜22時（復刻メニューは15時〜）、月休（祝の場合は翌日休）。千代田区神田小川町3-1-5 須田ビル2F ☎03・3233・9911

定番メニュー研究⑦

カツ丼

大崎広小路

平和軒

昭和9年（1934）創業

カツ丼750円は月・火・金のみ提供。おしんことスープが付く。ラーメン500円とセットで『幸せの黄色いハンカチ』の健さん気分を味わおう。3代目は若いころから継ぐ気で？と聞くと「そんなことが小学校の作文に書いてありましたねえ」と2代目おかみさん。カツカレーライス850円にも鮮やかに散らされたグリーンピースがいとおしい。水・木のみの酢豚定食を半ワンタンつきのセット1050円で。パイナップルが入らないのは2代目の好みによるものだそう。

月・火・金のカツ丼曜日に胸が躍る

中華屋でカツ丼？と驚く人もいるかも。でも実はカツ丼、町中華の超重要メニュー。我々はカツ丼をオムライス、カレーライスと並んで〝三種の神器〟に数えている。カツ丼が人気を博した時代は、町中華がファミレスのように「何でもある店」だった。だから老舗では今もカツ丼は定番だ。それでも町中華といったらやはりラーメン、チャーハンが王道。初めて行った店でカツ丼を頼むのには、勇気がいるかも。

けれど『平和軒』のカツ丼は、決め打ちで頼むべき一杯。僕は最初の来店時に食べられず（売り切れで悔しかった！）、後日いただいて（やわらかさに感動！）この店のカツ丼を紹介したいと熱望した。リベンジを果たせた思いから評価が贔屓目だったのではと心配したが、取材時に再び食べ、安堵。このカツ丼、グリーンピースがのったビジュアルも最高だが、味も文句無しなのだ。まず肉厚。揚げ加減が絶妙で肉のパサつきゼロ。つゆだくで、ガッとかっこめるのも好みだ。月、火、金曜しかカツ丼を提供しないという、『平和軒』ルールがごちそう感をさらに高める。五反田にはあまり行く機会はないのだけど、カツ丼曜日に何か用事を作れないものかしら。ここのところスケジュール帳を眺めている。（半澤）

トロ　カツ丼には、町中華の貪欲さが表れてるよね。和のもので、家庭料理の変化も取り入れつつ、中華じゃないのに誰も不思議に思わない。

マグロ　高倉健さんが『幸せの黄色いハンカチ』で刑務所から出て来たときにカツ丼とラーメンを食べるシーンも印象的だよね。

増山　お二人が行かれてた、高円寺の「大陸」（閉店）の人気メニューでもありましたね。

半澤　カツ丼ってだけで気合が入るもんなあ。

トロ　このカツ丼は肉が厚くておいしいけど、しょっぱさ、肉の少なさ、衣の分厚さ……そういうカツ丼にも町中華を実感するね。

マグロ　これはタレ濃いめでごはんが進むね。五反田の良心だ。僕にとっては、ごはんが残りそうなドキドキを味わいながら、お漬物やお味噌汁でなんとか食べ切るってのが町中華のカツ丼のイメージ。

増山　そのやりくり感、醍醐味ですよね！　でもこのカツ丼みたいに、足りないとは言わせないアタマのボリュームも捨てがたいです。

減りゆく人気メニューの中勝ち残ったカツ丼

マグロ　こちらは、大崎の『平和軒』（P.150）さんとルーツが同じなんですよね。

3代目　はい、私の祖父と祖父の兄が昭和9年に目黒で興した店が始まりで、私の父が2代目。大崎のほうは祖父の兄の系統です。区画整理や戦争もあって、昭和27年から五反田の駅前に移って屋台を始めたそうです。昭和35年に西小山に店を出したあと、昭和41年にここで開店したと聞いてます。祖父は店を父たちに任せて、屋台を引いていたそうです。

半澤　屋台も並行していたんですね！　いつごろまで屋台があったんですか？

3代目　昭和54年までです。私は51年生まれなんでほぼ記憶はないんですけど、家の横の隙間に、屋台の車輪が残ってたのを覚えてます。

トロ　そのころは主要な駅にまだ屋台が少し残ってた時期ですよね。

3代目　五反田は夜の街でしたから、芸者街で遊んだ方が帰りに寄っていくこともあったそうです。

マグロ　カツ丼も、そのころからあっ

2代目おかみさんも3代目ご主人とともに調理を担当。カツを揚げるのは「その場にいる人」が担当とのこと！

たんですか？

3代目　はっきりはわからないんですが、私が小さいときには、確実にありました。50年近く前のメニューではカツ重って名前だったかな。

半澤　カツ丼狙いで集中するお客さんも多そうですね。

3代目　そうですね、カツ丼終わっちゃいました、って言うとそのまま帰って行く方もいます。

半澤　手間がかかるからカツ丼をやめていくお店も多い中、残されてるのはうれしいです！　加えて、中華丼や開化丼もありますもんね。

3代目　これでも、昔の人気メニューをけっこう削ったんですよ。以前は玉子丼や天津丼、生姜焼きやオムライスもありました。

増山　かなりバラエティー豊かだったんですね。麺は屋台時代の作り方を引き継いでるんですか？

マグロ　独特な食感でした！

3代目　それはよく言われますね。かんすいの量がよそより少ないからか、日本そばの食感に若干近いところがあるかもしれません。粉に関しては、じいちゃんのころとちょっと変わってます。同じ銘柄の粉でも安定していなかったりするので、質が落ちたと感じたらブレンドしたり。

トロ　ワンタンの喉越しもよかったですよ。

マグロ　お肉がたっぷり入ってるのもうれしかったです！

3代目　ワンタンの生地は麺以上に難しいんですよ。0・何ミリの違いで茹で時間が変わるので。肉は中に火が通るまで茹でても皮が破れないギリギリの量まで入れてます。

半澤　酢豚もそうだし、肉の量をケチってないのがうれしいです。

増山　カツカレーのルーまで肉ゴロゴロでしたもんね！

半澤　結局、カツ丼曜日以外でも、平和軒は満喫できちゃうね！

取材日は暑い一日だったが、揚げ物＆肉のオンパレードでもガンガンいけた探検隊。その秘訣は濃すぎない絶妙な味加減だ。

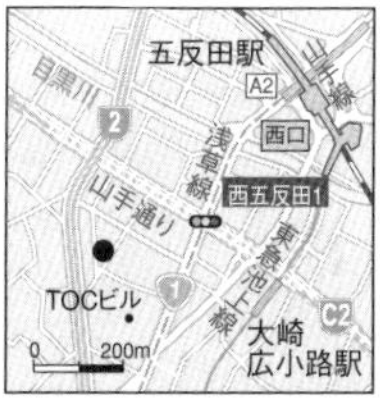

へいわけん●東急池上線大崎広小路駅から徒歩５分。11時～14時30分・17～21時、土・日・祝休。品川区西五反田7-18-4　☎03・3491・4301

定番メニュー研究⑧

ラーメン

東銀座

萬福

昭和4年（1929）創業

中華そば700円。1990年ごろに母・敏子さんから3代目を継いだ久保英恭さん。レジのそばに昔の営業許可証が。根強い人気を誇る豚肉ゴロゴロのポークライス880円と、フワ＆サクの皮がたまらない焼餃子（6個）690円。店舗は2003年に建て替えられている。現在の看板は2011年ごろに作り直したものだが、デザインが当時の風景を伝えている。アーチ形の窓と格天井が印象的な店内。洋食屋のような雰囲気だが、お客さんが入ると不思議と町中華のムードに。

「おそば」と呼びたい滋味あふれる一杯

町中華を記録しようとすると、つい普通のラーメンから足が遠のいて店名を冠した品や珍メニューを頼んでしまう。しかも、個人的に麺よりごはん党という事情もあり、メニュー選びで真っ先に除外するのがラーメンであった。

そんな自分を、30過ぎにしてラーメン党に改宗させたのがこの一杯だ。前に紹介した浅草の『あさひ』(P.56) もそうなのだが、最後まで飲み干したくなる優しいスープに加え、この整ったビジュアル。三角形の薄焼き玉子がのるというユニークさまで完璧すぎる。ここ『萬福』が決定打となり、以後こうした昔ながらの味を求め、初めての店で「ラーメン!」と高らかに宣言するようになった。

ところが、ラーメンはチャーハンと異なり見た目から味が想像しにくい。香り高いスープ、ほっと落ち着ける旨味、興奮よりも安らぎを与えてくれるラーメンの指標はないものか……。そう考えていたところ、にわかにヒントが。「昼下がり」「ご夫人が1人で」「ラーメンだけを頼む」こんな光景に出合える店は、もれなく「昔ながら系」なのだ。先日の『萬福』でも、歌舞伎座の帰りにラーメンを食べに来たというご夫人に出会った。この法則、現在打率10割である！（増山）

増山　意外と町中華でラーメンって頼まなくないですか？

半澤　1品でその店を知ろうと思うと、ついチャーハンにいっちゃう。

マグロ　僕らの世代は、札幌ラーメンみたいに何度もラーメンブームがあって、食べ過ぎたせいもあるかもしれないね。

トロ　だから町中華ではカツ丼みたいなメニューを食べる気まんまんなんだ。といっても、西荻窪の『丸幸』のラーメンは相当食べてるなあ。

半澤　僕は町中華のラーメンだと、旧トキワ荘の近くにある『松葉』のラーメンライスが好きです。

マグロ　あれがまたうまいんだよね！ パンチが効いてて。東十条の『玉屋』も、このラーメンみたいにきれいで好き。

トロ　このチャーシュー、柔らかいねえ。

マグロ　ほうれん草も効いてるね。

半澤　餃子もうまいなあ！

増山　ラーメン＋餃子の組み合わせの最高峰じゃないでしょうか！

半澤　時計とか栓抜きとか、店内の古いアイテムも気になりますね。

トロ　「京橋区」って表示板もある。

3代目　それは建て替える前の建物に付いていたものなんです。空襲でも燃えなかったんですよ。

半澤　初代のお写真の下に笠原福次郎さんとお名前がありますが、この「福」が屋号の由来ですか？

3代目　はい。「萬」はおじいちゃんの実家の屋号が由来です。

増山　お店の広さは創業当時から変わらないんでしょうか？

3代目　昔は奥の柱から向こう側にあったんですよ。今の入り口の辺りはもつ焼き屋さん。当時は長屋みたいに小さい店がいっぱいあったんです。その後地上げで歯抜けになっちゃって、向かいの八百屋のマルキさんしか残ってないですね。支那そば屋だと3丁目に「味助」、ウインズ銀座のあたりに「共楽」って店もあったんですよ。

マグロ　大正時代におじいさまが出した屋台が前身だったそうですが、当時のラーメンもこういう具の並びだったんですか？

3代目　はい、配列は変わらないです。戦前、固定式の屋台が銀座中央通りの東側に出てまして、当時流行《はや》った支那そばをやろうと屋台を出したそうです。洋食

店内に澄んだスープの香りが満ちる。特に開店時はため息がもれるようないい香りでいっぱいだ。

や衣料品の屋台もあったらしいですよ。

和洋中を併せ飲む町中華の真髄が見えた！

マグロ　洋食も中華料理も海外のものだから、和食に対して舶来料理っていう考え方だったそうですね。

3代目　当時「西支《せいし》料理」って呼ばれていたジャンルですね。昭和4年にここにお店を持ってから、屋台では出せなかった西洋料理と支那料理を両方出す店にしたと聞いてます。おじいちゃんは西洋料理出身で、ポークライスが唯一その名残です。

15時までのランチタイムには定食も提供。今回はエビ玉890円をチョイス。透明感のあるエビとふんわり玉子にうっとり。

トロ　以前はどんな洋食があったんですか？

3代目　カツレツやライスカレー、オムレツ、開化丼も。お客様の嗜好で淘汰《とうた》されて、だんだん中華のほうが多くなったんです。

マグロ　逆に途中から加わった中華というと？

3代目　大陸帰りの人が伝えて、昭和30年代ごろ始めた餃子ですかね。戦前のシューマイは、北京の日本公使館のコックさんに教わったんだそうです。白菜じゃなくて玉ねぎを使ってました。

半澤　初代が洋食屋時代に得たことが、中華にも生きているんですね。

3代目　直接聞いてはいないんですが、ラーメンの具の配列や彩りは、うどんやそばの具を参考に、薄焼き玉子を入れてみたようです。当時は創成期で東京ラーメンというジャンルも存在しませんでしたから、東京ラーメンだったらのりが入ってなくちゃなんて言う人もいなかった。その代わり、新のりやゆずみたいな季節のものを入れたり、日本人の感性で作っていたみたいです。

増山　今度来たときは、和食と思いながら食べてみます！

まんぷく●地下鉄日比谷線・浅草線東銀座駅から徒歩3分。11時～15時30分・17時～22時30分LO、日・祝の月休。中央区銀座2-13-13　☎03・3541・7210

全メニューを制覇する

神楽坂

龍朋

昭和53年（1978）創業

甘味噌が効いた回鍋肉820円をライス中200円にバウンド。店主の故・松崎隆明さんはかつて早稲田や沼袋にも店を出していた。りゅうほうめん770円には中華丼と共通の具がたっぷり。ミルキーなスープに野菜の甘みが加わり、ちゃんぽんのよう。ダイス状のチャーシューがゴロゴロ入ったチャーハン770円は「時間をかけて炒めるのがおいしさのコツ」。テント屋さんの粋なはからい、「ザ・ラーメン」のアルファベット！のれんは宮崎ののぼりを取り寄せ作っている。

身も心もあたたまる絶品ぞろい！

早稲田に引っ越したとき、知人がこの店を教えてくれた。自宅からは歩いて15分くらい。神楽坂本通りから横に入った坂の途中に店はあった。今は変わっているが、当時は白地ののれんに黒文字で「りゅうほう」とあった。最初は、店の名前を冠した「りゅうほうめん」をいただいた。野菜がたくさんのったおいしい麺だった。2回目は「東京ラーメン」にした。鳥のチャーシューがおいしかった。

3度目にうかがったのはとても寒い冬の日。15分寒風に吹かれて店までたどりつき、いただいたのは広東麺。体の芯からあたたまった。沁《し》みたねぇ。そしてこの店のメニューを制覇しようと思った。

全メニューを食べ、2巡目の最初にいただいたのが回鍋肉《ホイコーロー》。ご飯の上にワンバウンドさせ、わしわししていただく快感がたまらなかったのだ。そして、再び訪れたとき、また回鍋肉を注文する自分がいた。（マグロ）

マグロ　この店で全メニュー制覇したあとに、もう一回食べたいと思ったのが回鍋肉。

半澤　マグロさんイチオシの回鍋肉来ましたよ！

マグロ　これをメシにのっけて食うのがたまらんのですわ。セットのスープも独特でしょ。

トロ　このスープ、うまいよ！　甘みがあって。バシーンとした味が好きな人にはあんまりピンと来ないかもしれないけど。

マグロ　そう、だから一回目来たときは印象に残らなかったんだ。他で食ったことない味なんだけど、衝撃はないんだよね。だんだん沁みてくるの。

トロ　中華丼もうまい！

増山　チャーハンのチャーシューも肉厚でおいしいし、ごはんの炊き具合もイイ！　トロ隊長の「中華丼がうまい店は実力派」説が証明されましたね。

半澤　うめえ、全部うめえー！　スープが共通でも、上モノが違うとスープの印象まで違ってきますね。

トロ　人気、実力両方あって。優等生といえる店だね！

マグロ　全メニューいきたくなる気持ち、わかるでしょ？

半澤　いやぁ、今後は神楽坂で途中下車ですよ。

店名と奇跡のリンクを果たした「朧の坂」

トロ　店名はどこからきてるんですか？

ご主人　俺の名前の「隆明《たかあき》」を音読みすると「りゅうめい」だけど、語呂が悪いから「りゅうほう」にしたんです。「ほう」は鳳《おおとり》にも通じるし。そしたら、偶然兄貴の名前の「隆朋《たかとも》」になっちゃった。店の前の坂に名前があるんだけど、「朧《おぼろ》の坂」っていうんだよ。鎌倉時代かな、昔は坂がもっと下まで真っすぐ続いてたらしくて、下の神田川から見たら、坂の上に月がおぼろげに見えたらしいんだ。朧って、月に龍って書くじゃん？　つまり『龍朋』の字につながるわけ。いや〜これはビックリした！

マグロ　そんな由来だったんですね！　お店は何年になるんですか？

ご主人　昭和53年からで、今年（平成27年）で37年。その前に4年間板橋でやって移転したんです。修業は白山の『新

葉っぱで彩られた壁に目をやるとこの文字が。人気のチャーハンをテイクアウトする人多数！

三陽』で。富山の合掌造りで有名な五箇山で生まれて、高校出て18のとき、笹舟っていう動力がない舟をこいで、それからやっと汽車に乗って上野に来たんです。就職先がずっと決まってなくて、自衛隊でも行ってこい！　って言われて面接に来たんだけど、同じ集落の子が働いてたのが『新三陽』で、そこに就職が決まった。本当に消去法だったけど、職人の体にしてもらったのは感謝してる。

料理はどれも隊員好みのマイルドな味だ。アニメスタジオの事務所として使われていた店内の壁を、ヘチマの葉が彩る。

マグロ　スープは『新三陽』時代からの味なんですか？

ご主人　ううん、全く別。詳しくは言えないけど、煮干しの臭みを取るために入れてる素材の味かな。うちは永福町の『大勝軒』で前使ってたのと同じ煮干しを取ってるんですよ。

増山　修業時代からの理想に合わせてレシピを変えたんですか？

ご主人　いや、一時ちょっと競馬にのめり込んじゃって（笑）。これじゃいかんと思って、ほとんどメニューを変えたのがいい目に出たんだね。平成元年から今みたいな麺中心のスタイルにしたの。餃子やエビチリもやってたけど、忙しすぎて。

トロ　じゃあ今はない幻の一品も？

ご主人　うん、お粥もやめちゃった。一週間に一回必ずお粥を食べに来るキレイな女の人がいたから、やめたくねえなと思ったけど（笑）。初めは宣伝も兼ねて出前もやってたんだ。当時の町会長に「いつまでもつかねえ？」って言われたんだけど、繁盛したら「偉いねえ！」って。

トロ　37年やられて、どうですか。

ご主人　本当あっという間！　俺も今68だし、オリンピックぐらいまでかなあ。あとは若いのに継いでもらうから。坂の上の本屋さんの前の店長に偶然会ったとき、俺オリンピックまで頑張るからって言ったら、「俺もおんなじだ」って。

トロ　また競馬始めちゃう（笑）？

ご主人　たまに、麻雀くらいは（笑）。

りゅうほう◉地下鉄東西線神楽坂駅から徒歩1分。11～23時（土・祝は～22時）、日・祝の月休。新宿区矢来町123 第一矢来ビルB1　☎03・3267・6917

中華じゃない看板メニュー

荻窪

ことぶき食堂

昭和31年（1956）創業

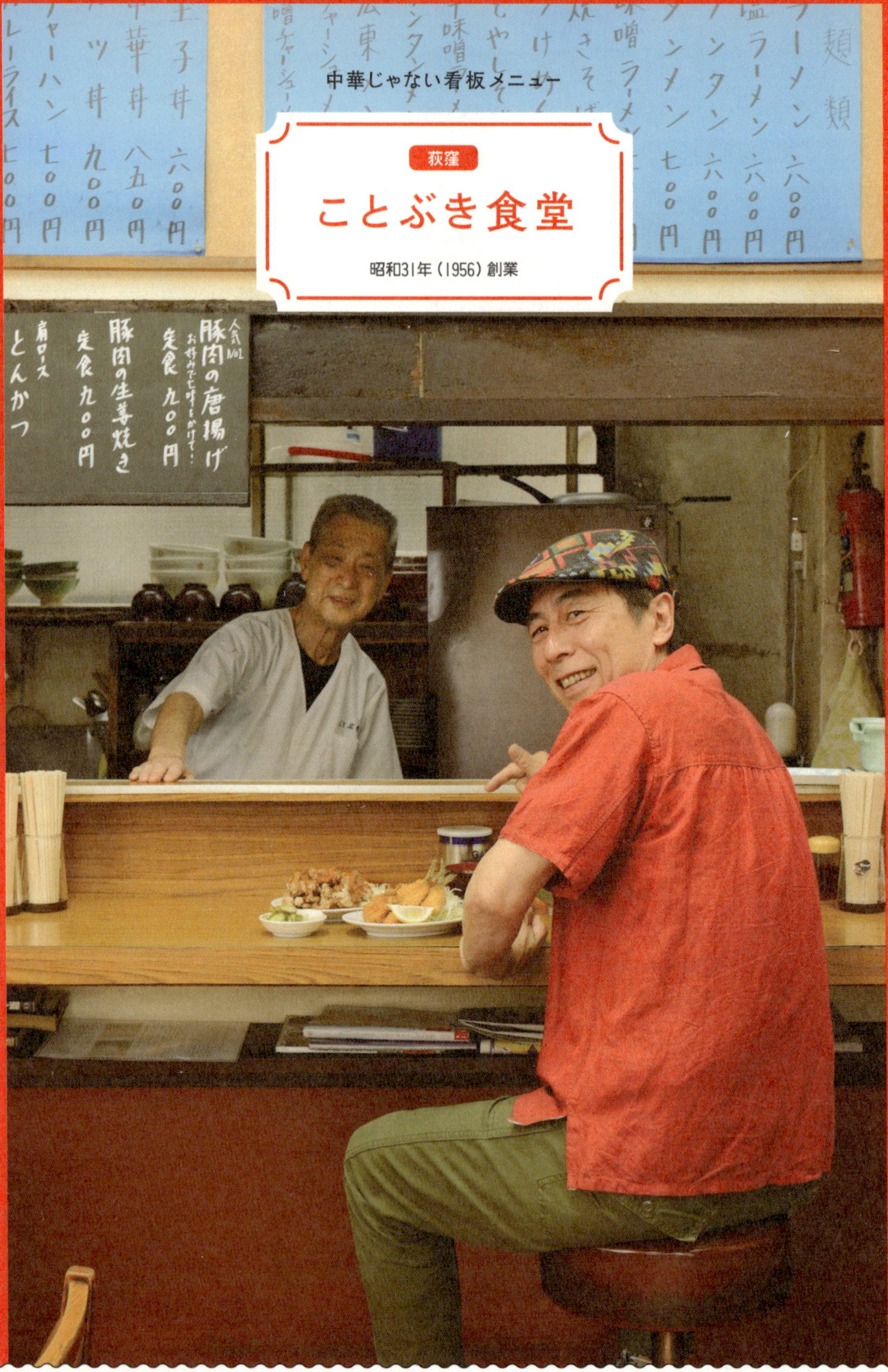

青いメニュー表とともに豚肉の唐揚げ定食900円を満喫。「ことぶき」の屋号よりもはるかにデカい「食堂」の文字が躍る袖看板が、環八を通る男たちの食欲を刺激する！ 2代目店主の小宮辰之助さん・京子さんご夫妻。アジフライ、コロッケ各450円。コロッケはほんのり甘めの仕上がりだ。シャキシャキの千切りキャベツも名脇役を務める。

真夏も箸が止まらない魅惑の揚げ物

荻窪駅から徒歩15分、環八沿いの小さな町中華が60年も続いた理由は、半径500m圏内に住む人、働く人が繰り返し利用してきたからだ。旨い、安い、居心地がいい。理由はいろいろあるだろうが、ぼくなら揚げ物がクセになると答えるだろう。ラーメンはレベルの高い荻窪で他店に引けを取らず、仲のいいご夫婦が醸し出す安定感には個人営業店の良さが凝縮されていると思うけれど、アジフライ食べて、ブタカラ食べて、これぞ看板メニューだと思ったもんなあ。定食についてくる味噌汁と漬物も"食堂"の名に恥じない。

『ことぶき食堂』は、町中華なのに中華以外の料理で人が呼べる稀有な店なのだ。夜は一杯やる常連客が多いというが、ここの常連ならなってみたい。「いつものヤツ」と言ってアジフライが出てくるなんて、オヤジになるのも悪くないと自慢したいよ、若き日の自分に。（トロ）

半澤　これが噂《うわさ》のアジフライか、サクサクでふっくら！

トロ　ここはブタカラが人気なんだけど、俺はアジフライがあんまりうまいんでびっくりしたんだ。

増山　ブタカラも、竜田揚げみたいな食感がたまらない！

マグロ　食べられないくらいアツアツでしょ！　これがビールにもごはんにも合うんですよ。

ご主人　いいラードで揚げてるからね。あとは脂が汚れないうちにしょっちゅう替えてるんです。

増山　だから油っこくなくて上品なんですね。あれ、コロッケにおまけのトンカツまで付いてる！

おかみさん　ないときもあるんですけど、大概付くんです。

半澤　まさかコロッケ頼んで肉が付くとは思わないですよ！　サービス精神がすごいですね。

おかみさん　商売人じゃなくて、職人なんです。

トロ　定食の味噌汁がちゃんとうまいのもいいね。

おかみさん　だしだけ取っておいて、その都度お味噌入れて作ってます。若いお客さんは、おふくろの味だって喜んでまた来てくれるんです。

ご主人　たまに味噌汁じゃなくてスープがほしいって人もいるから、その時はスープ出しますよ。スープは一年中沸いてっから。

マグロ　一年中沸いてるって、名言ですねえ！

魚を中心にした定食がメインの時代を経て

半澤　この青いメニュー表、町中華にはなかなかないですよね。

おかみさん　先代のころから青だったんで、私も真似して書いているんです。今度変えようかしら。

増山　変えないでください～！　ところでご主人は、トンカツ屋さんなんかで修業されてたんですか？

ご主人　ずっと中華ですよ。昭和31年に創業して、何十年と揚げ物やってるからね。おやじが亡くなったあと、ラーメン屋だった場所を昭和30年か31年におふくろが買って始めたのがここなんです。ここがたまたまラーメン屋だったから、ラーメン屋になったんじゃないかな。生

煮干しのだしがしっかり香る自家製ラーメン600円。塩気もガツンと効いてパンチのある味わい。

まれたのは今のスカイツリーの真下だったんですけど、僕が小学校2、3年のとき東京大空襲で焼け出されて、知人を頼って吉祥寺の駅前で10年くらい闇市に店を出したあと、ここへ来たそうです。

トロ　ラーメン屋を目指したわけじゃなくて、居抜きでできることを探ったんだ。高度成長期の町中華の、一つのパターンですよね。

カレーライス700円には豚や鶏の骨を使ったラーメンスープを使用。定食と異なり、味噌汁ではなくスープがセットに。

半澤　店名の由来は、なんですか？

ご主人　母の妹がすごく金運がよかったんで、寿美子って名前から「寿」にあやかって店名にしたんです。

マグロ　当時から、中華じゃないメニューがあったんですか？

ご主人　以前はさんまを焼いたりさばの味噌煮なんかもやってて、ずいぶん長い間魚が主でしたよ。そのうち魚のほうが高くなって、20年くらい前からほとんど肉だけになっちゃった。

トロ　アジフライはその名残なんだ！　ご主人の代からのメニューも？

ご主人　ブタカラは僕たちの代からだね。

半澤　大ヒット作ですね！　ラーメンは魚の香りがしますが、この味はお母さんに教わったんですか？

ご主人　親戚も同じような商売してたり、弟が吉祥寺の駅前の店で職人さん雇ってたんで、聞いて作りました。

マグロ　これは極秘情報なんですけど、実はおかみさんも全部の料理ができるそうですよ。

半澤　おお、それは極秘だー！

おかみさん　お父さんがお使い行ってるときにお客さんが見えたときはね。たまに指名をいただくことも（笑）。

ご主人　料理は全体的に女房のほうがうまいんです（笑）。チャーハンなんかは毎日やってるから僕のがうまいかな。

トロ　しっかりだし取るし基本に忠実だから、どれもおいしいですよ。

増山　これだけ揚げ物がおいしいとなると、今度はカツ丼食べたいな。

半澤　僕、次も絶対アジフライ頼む！

ことぶきしょくどう●JR中央線・地下鉄丸ノ内線荻窪駅から徒歩15分。11〜21時、日休（祝など不定休あり）。杉並区桃井1-13-16　☎03・3390・0545

店名メニュー①
中野坂上
ミッキー飯店
昭和44年（1969）創業

ミッキーライス、ミッキーメン、ミッキーカタやきソバ各750円。初代の高橋通博さん、由美子さん、2代目進さん。真っ赤なテントやドアに黄色い看板が楽しい予感を感じさせてくれる。炒めやきソバ730円と、ニンニクチャーハン730円。町中華の味から頭ひとつ飛び抜けた味は、2代目の修業の賜物。壁には「店飯ーキッミ」の文字が刻まれた看板のほか、保健所の許可証など店の歴史を伝えるものがズラリと並ぶ。

不思議な名にも納得の餡かけ御三家

不思議な店名、初代と2代目が仲良く厨房に並ぶ町中華版父子鷹《おやこだか》、住宅街の奥という独特の立地。『ミッキー飯店』を語ろうとすれば、切り口はいろいろ見つかる。が、僕が強調したいのは〝餡かけ〟へのこだわりだ。麻婆豆腐や中華丼、ラーメンから焼きそばまで、隙あらば餡をかけてしまうのだ。どうもこれ、2代目になってから急増したらしい。自信を持っているのだ。店名を冠したミッキーライスももちろん餡かけ仕様である。

冬場は餡の保温力がありがたい。しかし『ミッキー飯店』は年がら年中アツアツ。それでも注文が絶えないのは10種以上の香辛料を料理ごとに使い分け、「これだ!」というレベルにまで到達させているからである。その特徴は、餡かけへの執念がこもる危険スレスレのパワフルさ。熱さで舌がベロベロになってもやめられない、魅惑のスパイス地獄を、あなたにも体験して欲しい。(トロ)

マグロ　この店は、店名丼について原稿を書こうと思ったときに「ミッキーライス」目当てで来たんだよ。

トロ　それがなかったら、なかなか来る機会なかっただろうね。駅から離れたポツン店だもん。

半澤　僕ら以前から『ミッキー飯店』の話を聞いてて、ずっと気になってたんですよ。

トロ　ご主人、僕らが初めて来たとき、気さくに店名の由来を教えてくれたんだよ。あのミッキーマウスとは、まったく関係ないんですよね？

初代　はい、恵比寿で昭和44年に創業したとき、満州帰りのお医者さんに、舟の帆が喜びをはらむという意味で「ミッキー」＝「盈喜」って字をあててもらったんです。

増山　じゃあ、先に「ミッキー」っていう音が決まってたんだ！

半澤　すると、なんでミッキーに？　っていう最初の疑問に戻りますね。

初代　当時景気が悪かった中「キ」のつく企業は業績がよかったんで、それにあやかろうと思って考えたんです。キリンビール、キッコーマン、日本汽船とかね。

マグロ　三つのキで「ミッキー」になったんだ。縁起をかついだ店名なんですね。

初代　恵比寿のたこ公園の前で15年くらいやってたんですけど、そこにビルが建つっていうんで、ここに引っ越してきたんです。今は数軒しかないけど、当時はこのあたりも店がいっぱいありましてね。

スタミナ礼讃《らいさん》の昭和が生んだこの味

半澤　来ました、ミッキー御三家！

トロ　帆をいっぱいに張れー！　って感じの迫力でしょ。

増山　勝手にしょっぱめの男メシを想像してたんですけど、予想外に複雑なスパイシーな味でうまい！

トロ　このミッキー御三家もそうだけど、妙に餡かけメニューが多いですよね。餡への愛を感じる。

初代　恵比寿でやってたころ、大きい会社のお客さんたちがなにかスタミナつくもの作ってくれっていうんで、レバーを入れてちょっと辛いメニューを作ったんです。

ラーメンと半チンジャオロース丼780円など、セットメニューも充実。「半」といいつつかなりのボリュームだ。

マグロ　じゃあ、かなり初期からの看板メニューなんですね。

トロ　スタミナとか、ハッスルとか、昭和語の時代に生まれたんだね。俺ニンニク得意じゃないんだけど、このニンニクチャーハンもうまい！

2代目　店でひいた11種類のスパイスで肉を炒めてから作ってます。インターコンチネンタルホテルの厨房で覚えたのを、ちょっとアレンジしたんです。

イロモノかと思わせて意外な実力のメニューに沸いた一同。ミッキー御三家は、瞬時に隊員たちの胃袋へと消えた！

半澤　そりゃ素人じゃ真似できないや！　初代はどちらで修業されたんですか。

初代　私は『東京會舘』で西洋料理やってたんです。ラーメン屋を始めるときは苦労しましたよ。渋谷の店を年に2つくらい渡り歩いたり。恵比寿のころはスパゲッティ出したり、ステーキまで焼いたりしました。

トロ　味の素なんかも中華に転身するのに重宝したんじゃないですか。

初代　あれは町場の店じゃ高くて使えなかったな。

2代目　今も高いから、あんまり使えないんです。そういえば、醤油のスープは50年注ぎ足しなんですよ。

半澤　すごい！　老舗のうなぎ屋みたいな話だ。

増山　地震があったときも守り抜いたんですね。

初代　ここは意外と揺れなくて、スープも食器も、大丈夫でした。

マグロ　きっと縁起のいい名前に守られてるんだ。

初代　そうかもしれないですね。50年もやれるとは思わなかった。でも、振り返ってみるとそれほどつらくなかったね、楽しいほうが多かったですよ。うちのかあちゃんがよく働いてくれたから。俺一人じゃとてもできない。

トロ　２０１９年には50周年記念ですね。第四のミッキースペシャルメニューも期待してますよ！

半澤　みんなでお祝いに、食べに来なくっちゃ！

みっきーはんてん●地下鉄丸ノ内線・大江戸線中野坂上駅から徒歩７分。11時30分～14時30分・17～21時、日休。中野区本町2-17-4　☎なし

店名メニュー②

神保町

康楽

昭和41年（1966）創業

C定食「康楽丼と半ラーメン」780円。麺類手前より味自慢、五目そば、チャンポン各720円。初代の宮下光雄さん・保子さん夫妻と2代目達雄さん。酢豚をはじめ一品料理はどれも1100円。つややかで上品な仕上がりは、チャンポンなどほかのメニューにも共通している。若鶏の唐揚げ1100円。カリカリ＆サクサクに揚げられた唐揚げの下にはたっぷりキャベツが。マヨネーズは外せない。

常連の心をつかむ、老舗の「日替わり」

失敗した！ ある日、神保町『康楽』の前を通ったとき、僕は激しく後悔させられた。店頭のホワイトボードに日替わりC定食「康楽丼と半ラーメン」の文字を発見したのだ。すでに食事してしまったことを悔いた。『康楽』の日替わりはどれも豪勢で、ニンニクと一味唐辛子でパンチを利かせたキャベツ＆豚肉炒めがドカッと盛られた「康楽丼」は、とくに箸が進む。「店の名をつけたことに理由はないんだけどね」と店主は笑うが、景気のいい時代も悪い時代も愛され続けてきた一杯は、店の名を冠すにふさわしい絶品だ。実は日替わりでしか登場しないレアメニューのうえ半ラーメンまで付いてコスパも文句なし。店の前を通りすぎてからもあのニンニクフレイバーとジューシーな豚肉の味が思い出され、僕はため息をつき独りごちた。「神保町には空腹で来る」。時折胸に刻む「町中華の掟」に新たな箴言《しんげん》が加わった。（半澤）

トロ　料理は正統派ぞろいだね。

増山　メニュー表のトップに「味自慢」ってありますよ。

半澤　頼まずにいられないよね。

マグロ　「康楽定食」はキャベツにマヨネーズがドンと出てきて、それもまたいいんだよ。

半澤　康楽丼の、手に持ってガッといける感覚も捨てがたいなぁ。

増山　「本日の定食」って、毎日内容が変わるんですか？

2代目　はい、ABC、3つとも変わります。Cは丼ものと半ラーメン。

おかみさん　これが「味自慢」です。

半澤　ひき肉入りの麻婆っぽい餡かけそばなんですね。

マグロ　味自慢の誕生秘話を教えていただけますか。

初代　なんでこの名前にしたんだっけな？　オープンしたときにはなかったよ。けっこう新しいと思う。

2代目　できてから40年くらいは経ってると思います。

半澤　それを新しいって言えちゃうくらい、歴史があるんですよね。

初代　オープンしたのが昭和41年。修業時代は、知り合いのおじさんが西荻窪でやってた「十八番」で、その店が新宿の末広通りに移転してから2～3年働いたかな。1階も2階も20人以上入れるような、大きい店だった。

マグロ　神保町にいらしたのは？

初代　俺が23か24のころだな。

トロ　ずいぶん早い独立だ！

移り変わる街の中で50年超の歴史を駆け抜ける

半澤　五目そばもうまいし、唐揚げの肉も柔らかい！

マグロ　酢豚がめちゃうまいわ！　康楽丼も、味がガツンとくるでしょ。

トロ　店の看板を背負える強さだ。

増山　上品な料理の中で、康楽丼が際立ってます！　そういえば、『康楽』って店名の由来って？

初代　大家さんのおやじさんが『康楽』っていう店が繁盛してるから」って言うんで。

半澤　神保町ってそのころから中華料理店が多かったんですか？

初代　いや、今みたいに多くはなかったね。『揚子江菜館』はあった。一般的な中華屋で古いとこっていうと『三幸園』

カレーライス590円にはわかめスープが付く。まろやかなルーと甘く存在感あるタマネギ、茨城産コシヒカリがうまい。

くらいじゃないかな。俺たちが子供のころからあるからね。

2代目　この辺は中国人街だったみたいです。開店からしばらく夜は店舗より出前がメインだったんですけど、オフィスの移転や消防庁のテロ対策で出入りが厳しくなって。

初代　そのうち土曜日が休みになって、コンビニもできて、だんだん出前がなくなってったんだよ。多いころは一日に13件くらい入ってた。ほとんど麻雀屋だね。

増山　神保町、そんなに雀荘があったんですね！

マグロ　そうそう、歩くとよくジャラジャラ音が聞こえてきたよ。

半澤　ところで、お父さんとお母さんはどこで出会われたんですか？

（急に口ごもるお二人）

おかみさん　私、客商売が好きで、父親に話したら、初めての人間には喫茶店より手間がかからない麻雀屋がいいって言われて店を出したんです。そこに、主人の出前が来て。

マグロ　なんと！

半澤　中華の出前が出会いだなんて！　そんなことってあるんだ！

トロ　高度成長期の一番いいころに出前もバンバン出たわけだ。

2代目　でも、2000年前後に大規模な再開発があって、一時期人がすごく少なくなったんです。麻雀屋さんもそのころ減ってきましたし。

おかみさん　工事に関わった人たちがちょっと食べに来るくらい。

初代　再開発のころは赤字だよね。麻雀屋のあとは洋服屋やスポーツ用品の店が増えた。だいたい10年間隔くらいで波があるね。

半澤　そういう歴史を見ながら、まったく味は変えずにやってこられたんですね。

マグロ　街が変わっても、変わらない店なんだ。

増山　次の50年も、「味自慢」楽しみにしてます！

内装はおかみさんの弟さんが担当。チャンポン720円の餡づかいや、五目そば720円のチャーシューのボリュームに歓喜！

こうらく●地下鉄神保町駅から徒歩4分。11～15時・18時～20時30分（土は11～14時のみ）、日・祝・第2・4土休。千代田区神田神保町1-35　☎03・3291・7596

COLUMN 03

ゆるくつながっている「のれん分け」の魅力

町中華には「この名前、違う街にもあったよね」というお店が実に多い。たとえば『丸長』(P.20)。1号店は荻窪にあり今も人気店として健在だ。修業した人たちが新たに店をつくり、そこで腕を磨いた若者がさらに独立、そうやってのれん分け店が各地に広がっていったのだ。町中華探検隊ではこのような店を〝ゆるチェーン〟と呼んでいる。統一的なマニュアルなどはなく各店が独立採算。「ゆるい」ルールだけでつながっている店が多いのだ。

代田橋に本店を持つ創業昭和25年の老舗『代一元』も、ゆるチェーン中華の代表格。豪徳寺、千歳船橋などにのれん分け店を持つ。統一メニューはないが、一つだけ大切なルールがある。それが「本店で作った麺を使う」ということ。「高校のころから製麺や配達を手伝っていたので、ほかの店とつながりがあったんです」と、3代目店主の村山康紀さん。中華屋としての技術や『代一元』創業当時の味も、ほかの店の人たちに教わり培ったそう。店内に本格的な製麺所を有し、こだわりの麺と餃子の皮を作り上げるこの店ならではのルールだ。

ほかにも、製麺所をルーツに持ち東京の東側を中心に店舗数を増やしていった『生駒軒』など、見えない絆でつながっているのれん分け店はたくさんある。名前を聞いたことがある町中華を見つけたら、ぜひ入ってみて。そんな隠されたつながりを見つけることができるかもしれない。

（半澤）

厨房の奥の扉を開けるとそこは製麺所。ねぎチャーシュー冷やし950円など冷やし中華が年中味わえるのは麺に自信がある証拠。マンガ、雑誌も大充実！ 2014年にリニューアル。

代一元 本店 ●代田橋

京王線代田橋駅北口から徒歩8分。11時30分〜15時LO・17時30分〜21時LO、木休。杉並区和泉2-29-13 ☎03・3321・0113

4章

町中華をディープに楽しむ

立地、建築、筆跡、装飾、店主の趣味。
自分だけのこだわりの視点で、
町中華の知られざる一面を楽しもう！

町中華と出前

武蔵小山

正来軒

昭和55年（1980）創業

昭和23年生まれの店主、駒形正治さん。店名は名前から一文字取っている。住宅地の店舗は独特の細長い三角形だ。これがウワサの冷やし中華550円。おおらかなカッティングのキュウリが暑い夏へのイラ立ちをスッと鎮め静かな興奮を与える。ラーメンは350円！ 正来軒丼530円の丼にはタレがほとばしり、旨味たっぷりのギョウザ（でかい！）300円が皿からあふれ出す。

愛用のカブで今日も出向いていく

この店で驚きの光景を目にしたのは2015年の初夏のこと。出前に出ていたお母さんが戻ってくるなり、店主・正治さんの横で鍋を振り出した。「秘技①W鍋フリ」だ。直後、さらに仰天。正治さんが調理を続けながらヘルメットを被ったのだ。「秘技②ヘルメット鍋フリ」である。つまり2人とも調理、出前の両方をこなすということ。働き者夫妻が守り続けた店が、創業40年近くになると聞き、うなった。あの日も冷やし中華日和だった。鳥チャーシューがおいしかった。そうか、あの暑い中お二人は出前に駆けていたのかと、今さらそんなことに気付いて、店主夫婦のバイタリティーの高さに驚かされる。

今回取材で味の秘訣は？と伺うと「それは教えられないな」と正治さん。調理風景丸見えの厨房からそう返されると思わず笑みがこぼれる。「秘技③全部見せ」もまた全席で堪能可能、これぞ劇場型町中華だ。（半澤）

トロ　（店に向かいながら）あれ、ムサコの風景、前とずいぶん変わったなあ。

半澤　夏に来たときは冷やし中華の野菜のカッティングや盛りつけに衝撃を受けましたね。「ヘルメット鍋フリ」はそれを超えてました！

増山　きっと、今年も変わってないんでしょうね（笑）。その日、私行けなかったんですよ。悔やまれるなぁ。

マグロ　あと、「正来軒丼」を注文するお客さんが「しょうらいけんどん？ください」って言ったら「せいらいけんどんねっ！」って訂正が入ってたのも忘れられない（笑）。

トロ　厨房が目の前だから、油のハネまで楽しめる。まるで桟敷席。70年代後半〜80年代にかけて、バンバン出前に行ってた町中華全盛期の雰囲気が味わえる。常連客に支えられてる感じもいい……。

マグロ　お、裏口ののれんが見えてきた！　入り口は駅の反対側にあるんだよね。

半澤　今日はよろしくお願いします！　僕らは以前お邪魔したときにも冷やし中華をいただいていったんですけど、鶏のチャーシューを入れるのって珍しいですよね。

ご主人　鶏じゃなくて普通のチャーシューでも、あるのを入れるだけです。ないときには入れないし。

増山　豚だったりチャーシューなしの日もあるんですね（笑）。

ご主人　冷やし中華より、売れるのはラーメン、チャーハンだね。

マグロ　お店の名前がついた正来軒丼もやっぱり人気ですか？

ご主人　どんな料理かわからないから、案外頼む人は少ない。本当は豚バラの角煮を使うつもりだったんだけど、仕込みが間に合わなくて。

トロ　それが定着したんだ。

マグロ　のれんがかかってますけど、裏からは入れないんですか？

ご主人　最初はそっちが入り口だったの。ここは表の道路ができる前に建った物件だから。

間違えやすい醤油とソースをはじめ調味料の中身を明記。味の素の瓶も堂々鎮座する！

トロ　それを見越してたんだ！

ご主人　バブルのころで、物件がこれしかなかったの。でも町工場がいっぱいあって、そういうお客さんたちに支えられてきたんです。バブル崩壊後は一進一退だったけど、比較的値段が安いこともあって、何年も学生さんたちが付き合ってくれた。

激安中華激戦区を生き抜いた心意気

増山　ご主人、修業はどちらで？

ご主人　流れ職人でいろいろやったけど、初めは、新橋の「餃子飯店」。今のギョーザはそこで覚えたの。店出してすぐおかあちゃんと一緒になって、おかあちゃんは他の店の味を一切知らないから、2人で仕事してても、もめないの。

半澤　そういえば、お母さんも全部のメニューを作られるんですよね。

マグロ　最初僕らが来たときも、ちょうどおかみさんが出前から戻られたところでした。

これはさながらおかみさん目線といったところ。昭和55年の創業以来、こうしてご主人とお客さんに向かい合ってきた。

トロ　出前のヘルメットは、奥さんと一緒なんですか？

ご主人　違う違う、それぞれ好みがあるからね。

トロ　ご主人、真面目にお仕事されてますよね。ギョーザ300円、ラーメン350円、どのメニューも安いけど、その分苦労も多くないですか？

ご主人　開店のころは、自分が教わった味だけじゃなくて、味のおいしい店を何軒もまわって研究しました。そうして味を確立したことが、うちの店にとってプラスになったんだと思います。

マグロ　いろんな店を見て、研究されてたんですね。

ご主人　細く長く続けていくには、まず味をよくしなくちゃいけない。だから、勉強しました。

トロ　この店で長く商売を続けていくと決めて、ちゃんと生き残ってこられたということですよね。

ご主人　お客さんからいつも教わるよ。明大の学生さんも気軽に注文できて、肉を食べたって満足できる鳥ミソ丼に、肉野菜丼も柔道部のお客さんが食べたいって言うから作ったの。

半澤　お店のキャッチコピーの「地元の皆様に味でご奉仕する店」、まさにその通りですね！

せいらいけん●東急目黒線武蔵小山駅から徒歩5分。11～15時・17～22時、月休。目黒区目黒本町3-1-3　☎03・3716・9856

築地中華

築地

幸軒

昭和25年（1950）創業

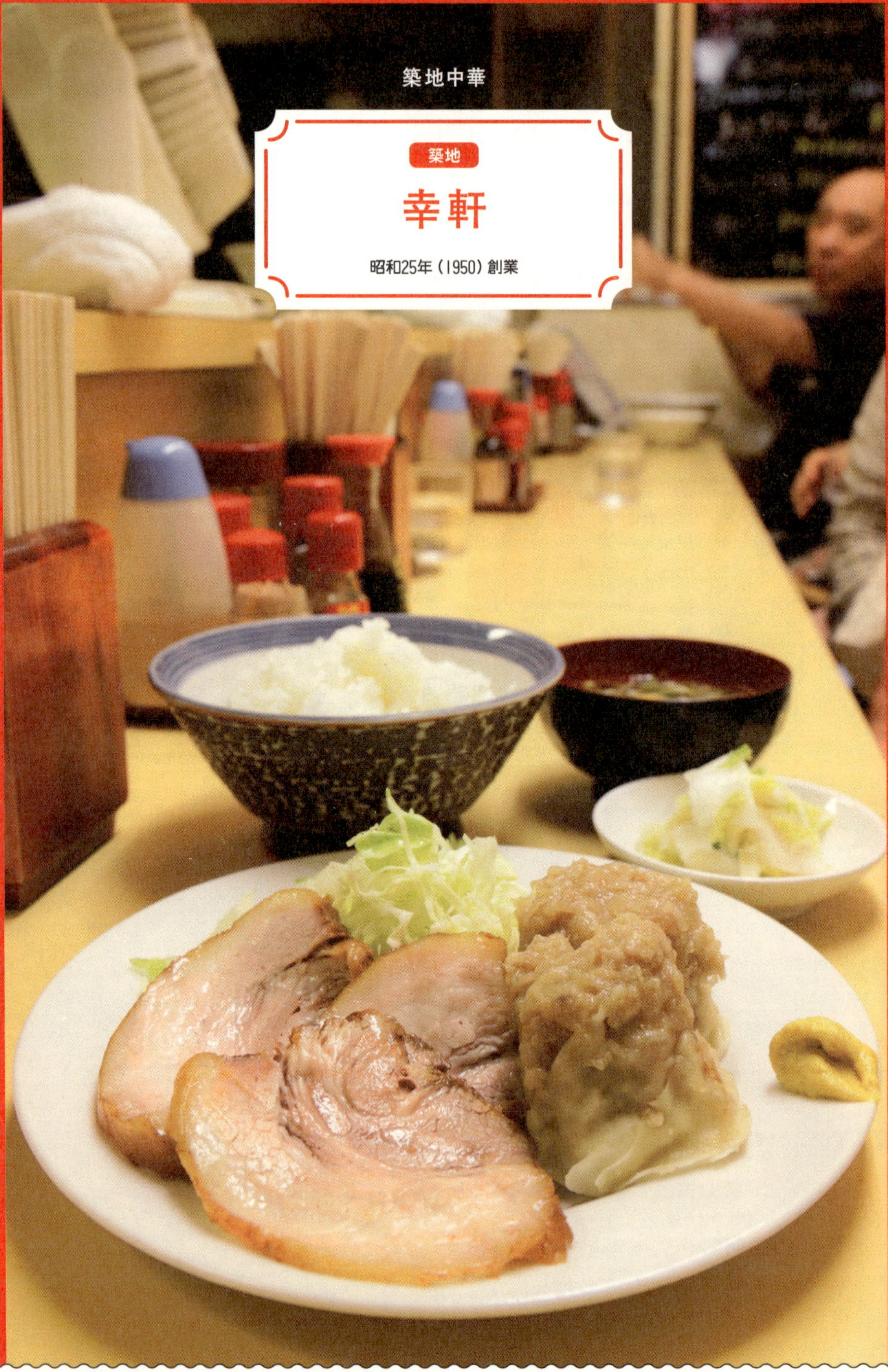

盛り合せライス850円。看板のシューマイも捨てがたいが、満場一致で絶賛したのがチャーシュー。昼の部では付け合わせが変わる。毎朝お茶を汲みに来る『山本商店』さん。お茶屋さんの脇の段ボールをすり抜けてたどり着く。関係者以外は立ち入り禁止？と思わせる苦みばしった外観に一同シビれる。ラーメン・茶碗カレー1000円。2代目店主の佐藤幸男さん・あや子さん。一見寡黙な職人風のご主人だが、茶目っ気たっぷり！店名は先代・幸吉さんの名に由来。

もはや町中華を超えた、築地のサロンだ

女にとって町中華とは、あくまで間借りする場所。男の庭である町中華に闖入《ちんにゅう》した女性客が本当の意味でその一部になることは難しく、せめてその空気になれればしめたもの、という気持ちで通っている。ここ『幸軒』では、さらにその思いは強くなる。なにしろ、常連客の多くは築地で働く男たちと、築地に集う飲食のプロだったのだ。市場が豊洲に移転した今も、場外で働く人々や近隣の会社員が詰めかける。

観光客である我々は、お客さんとおやじさん、おかみさんによる築地市場の符丁のような会話を、息をひそめて見守り、心もち背筋を伸ばしてラーメンをすすり、シューマイをつつくのである。だけど、「面白い話があるんだよ。こないだ、うちの猫がね……」朝の部と昼の部が入れ替わるわずかな時間の谷間に、店主と常連のそんな日常会話に交ぜてもらえると、たまらなくうれしくなってしまうのも事実なのだ。（増山）

マグロ　市場が移転する数年前、みんなで築地に来たときは、僕は『ふぢの』に行ったんだよね。場内にも『やじ満』（P.84）って町中華があったけど、そことメニューが重なるところもある。他にも築地に中華のお店がありますよね。

おかみさん　『井上』（休業中）のラーメンとかね。うちは昭和25年からずっと中華やってるの。以前は表通りでやってて、ここに来て30～40年になるのかな。そのころから続いてるのうちくらいかもしれないよ。前はコックさんがいていろんな料理をやってたんだけど、ずいぶん減らしたの。カツ丼とか親子丼もあったんだけど、全部やめちゃった。

半澤　これが名物のシューマイか、でっかいですね！　チャーシューもうまっ！

増山　そう！　シューマイ目当てで来たら、このチャーシューにカウンターくらったんだよ。外の売店（右下写真参照）は、最初からあるんですか？

ご主人　たまたまあの場所が空いたから出したんだよ。

おかみさん　あれは２０１４年ごろから。定年した友達で、日本橋の人に手伝ってもらってるの。

半澤　朝は、何時起きですか？

おかみさん　朝じゃなくて、夜の９時ごろ！　まずその日に売るシューマイを全部仕込むために、玉ねぎの皮をむいて手で刻むの。これが一日の最初の仕事で、終わるとラーメンの準備。うちの基本だからね。

築地を支える大人たちの半世紀を超える人間関係

増山　みなさん、きょうはどの料理が気に入りましたか？

トロ　チャーシュー。俺２枚食った！　ラーメンのと、盛り合わせのチャーシュー。

半澤　「俺２枚食った」って、トロさんうれしそうだなぁ（笑）。

店舗入り口の向かいにシューマイの売店が。販売担当の方もこれまたシブくてかっこいい。

トロ　だって俺チャーシュー苦手なのに、これはうまかったんだよ。

マグロ　実は僕も。でもこれは、脂身がすっきりして柔らかい！　初代の味を、伝承してるんですね。

ご主人　そんなおおげさなもんじゃないよ。親はこれがこうだよとは教えなかったしね。俺は最初サラリーマンで、20歳から店に入って、31くらいのときにおやじが亡くなって、後継ぎになったの。

半澤　おかあさんは、嫁ぐ前から料理はお好きでしたか？

おかみさん　ううん、ネギとかキャベツ切るのなんて、初めてだった。朝早いのも一緒になって初めて。昔は和文のタイピストやってたの。ここに来て、はい切ってって言われたらさ、やるしかないじゃない？

ご主人　おねえさんもうち来れば自然とさ、シューマイ作れるようになるよ。

おかみさん　うん、失業したらおいで。教えてあげるから。

増山　ホントですか⁉　失業はしたくないけど、来たいなぁ。

（ここで突如、常連らしき男性がお茶を汲《く》みに現れる）

増山　……コレ、どういうシステムなんだろう？

半澤　まったく仕組みがわからないね（笑）。

山本商店さん　僕、勝手にお茶淹れに来るんです。

マグロ　お兄さん、この近くでお店やってらっしゃるんですか？

山本商店さん　照れるな、カメラで撮られると。そこの『山本商店』のアキラです。昭和24年の創業から豆一筋。

トロ　人間関係が濃いんだ。朝は昨日の野球の話で始まるんだろうね。

ご主人　どこが好きとか絶対言えないね。政治と野球の話はしない。

おかみさん　築地って、いいよ。

トロ　移転でお客さん、変わるよね。想像できないでしょう？　こういう毎日が当たり前だから。

おかみさん　そうね、ひとりひとり時間や席が決まってるからね。なじみになっちゃうとみんな面白いよ。とっつきにくいけど、悪い人いない。長い間、顔見てきてるからね。

トロ　俺らがこのお茶淹れられるまでには、あと20年かかるな（笑）。

築地のラビリンスの奥に店舗はひそむ。初めて見つけたときの興奮をぜひ体験してほしい！

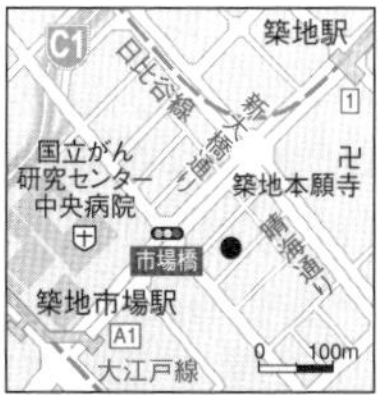

さいわいけん●地下鉄日比谷線築地駅から徒歩5分。5～9時・11～14時、無休（完全予約制で夜営業もあり）。中央区築地4-10-5 夕月ビル1F ☎03・3545・5602

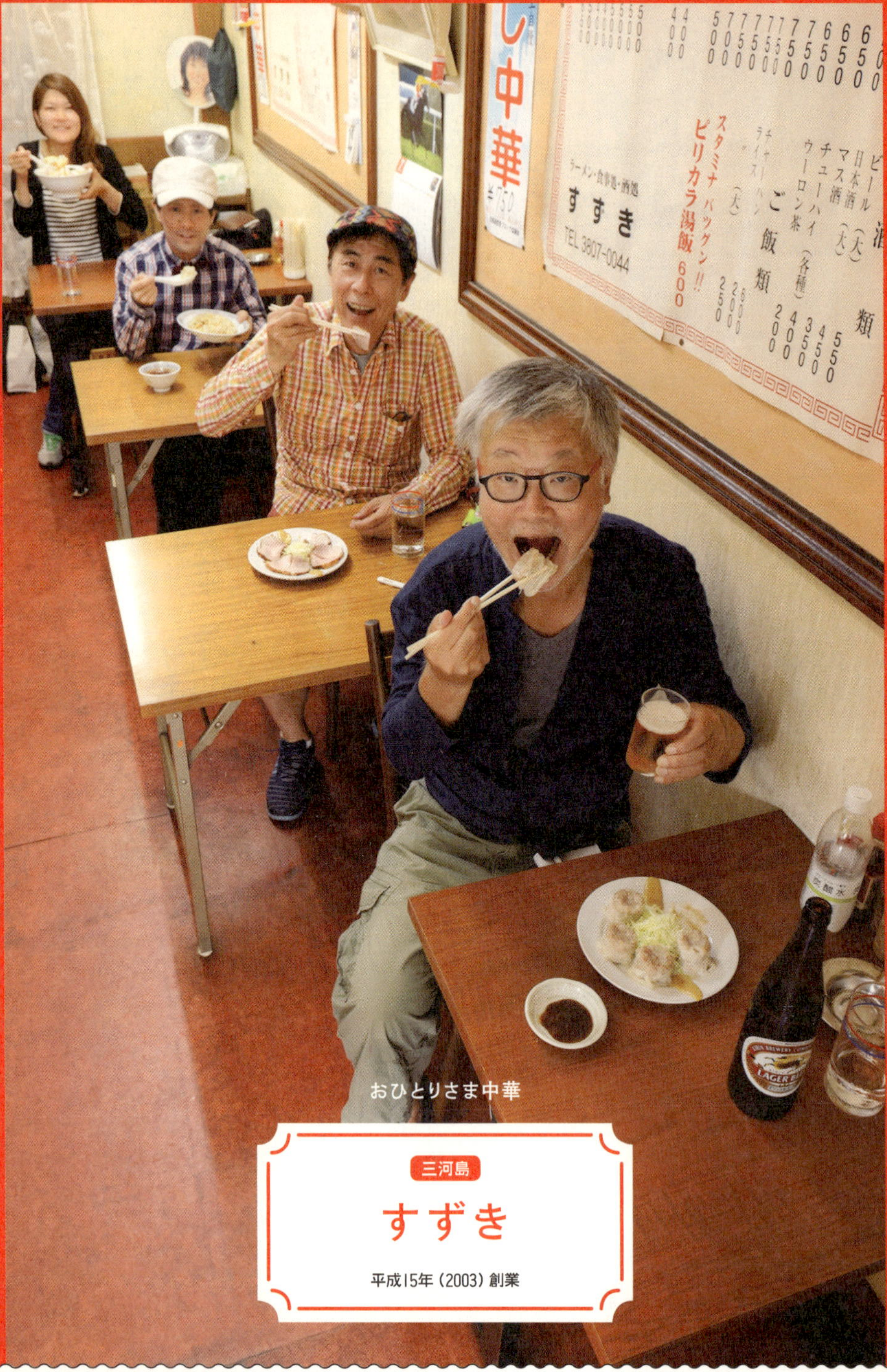

おひとりさま中華

三河島

すずき

平成15年（2003）創業

町中華では珍しい青い看板と独特のテーブル席に一行は激しく興奮した。店主の鈴木栄八（えいはち）さんは、栃木県鹿沼市出身。ボリュームたっぷりのシューマイ400円は築地式にソースをつけて。ビール（大）600円が進む！ みずみずしいチャーシュー650円も外せない！ ピリカラ湯飯600円。メニュー表ではここだけ赤字で、他のメニューの5倍くらいの大きさのフォントで書かれている（P.138の写真のメニュー表の価格は現在一部変更になっています）。

おひとりさま優先！ 中華飲みができるお店

初めてお店に入ったとき、独特の客席レイアウトに驚かされた。4つあるテーブル席はどれも1人席で、同じ方向を向いている。まるで、学校の教室のようだ。

先客が2名。男性客が1人ずつテーブルに座り、昼から酒を飲みながら料理をつついている。僕もテーブル席に着席。目線を上げると、そこにはテレビがあった。

少し酔った常連客が「チャーシューとシューマイがおいしいよ」と教えてくれた。注文してみると、たしかにどちらも旨い。シューマイはどこかで食べたことがある味だ。

店主に聞けば、築地の名店『やじ満《ま》』さんで22年間働いていらっしゃったそうだ。なるほど、味がよく似ているのはそのせいか。4人のグループ客が来た。彼らはカウンターに座る。ここはおひとりさま優先のお店なのだ。探検隊も4人だが、おひとりさまテーブルに座らせていただき記念撮影！（マグロ）

マグロ　この1人掛けが並んだテーブル、他にはないでしょ？ どの位置からもちゃんとテレビが見える、計算し尽くした角度なんだよ。

トロ　これはいいね〜。誰が見ているわけでもなく、テレビがついてる、みたいなね。

マグロ　定年退職したようなお客さんが、一人でちびちびやるんですよ。おでんつまんでる人も見たなあ。

トロ　お客さんは、ほぼ毎週来るような人ばっかりなんですか？

ご主人　9割は、常連さんですね。

増山　（常連さんのグラスを見ながら）焼酎、ずいぶん濃いですね〜！

ご主人　ハハハ！ 目分量だから。

半澤　6割は超えてますよ！ 閉店しちゃった大久保の「日の出」（P.64参照）に通じるものがありますね。

増山　ご主人は鈴木さんっておっしゃるんですよね。下のお名前は？

ご主人　栄八です。8人兄弟の8番目。平成15年から1人でやってます。

半澤　てっきり、昭和に開店したのかと思ってました！

トロ　それまでは、どちらで修業されてたんですか？

ご主人　築地の、『やじ満』（P.84参照）です。

一同　おおー！『やじ満』！

マグロ　あの辺りで一番有名な店じゃないですか！ だからシューマイがうまいんだ。これからはシューマイを見たら気をつけなくちゃ。

半澤　不思議と、毎回こうやって話がつながりますね！

ご主人　22年いたんですけど、体を壊してね、自分で店を始めたわけです。その前はこの近くの中華屋で、出前持ちやってたの。シューマイの味は『やじ満』さんとだいたい同じようなもんです。つけるのは醤油じゃなくて、ソースですね。

増山　『幸軒』（P.134）もですけど、築地のシューマイはソースなのかあ。

今まで訪れてきた町中華で、こんなに美しい『漫画ゴラク』の列はあっただろうか？ ご主人の実直な人柄が見える。

ご主人　うちは材料が豚ひき肉と玉ねぎだから、ソースが合うんです。先代に作り方を教わりました。築地ではみんな『やじ満』さんに習ってたんじゃないかな。

半澤　あ、五目そばには、ナルトとかまぼこと、カニカマが入ってる。

増山　ピリカラ湯飯も同じだ！

半澤　冷やしもカニカマでいくかと思いきや、ナルト1本で抑えてる。独特のカニカマ使いだなあ。ご主人は、中華ひと筋なんですか？

ご主人　いえ、メッキ屋で会社員をやってたところを辞めて働き出したんです。今は閉店した近所の中華屋のおやじさんと一緒に飲み歩いてて、元々料理が好きだったこともあって。築地だと上がりが早くて、そのあとに出前できるから自分で築地を探して始めたんだけど、気づいたら20年以上。

トロ　そうやって築地にたどり着いたんですね！　やっぱり、酒から来るんだなあ。

22年勤めた『やじ満』を退職する際、スタッフや常連から渡された色紙が大切に飾られている。当時のあだなは「すーさん」。

偶然にもつながった築地での縁

増山　以前、探検隊で築地に行った経験が『すずき』さんとつながってくるとは思いもしませんでしたね！

トロ　おやじさん、あの『やじ満』にいたのに、そんなこと誰にも言わずに、単にシューマイとチャーシューがうまい店だと思われてたんですね。町中華ならではだよ。

半澤　さっきいたお客さんもご主人の経歴はまるで知らない感じでしたもんね。あと、前に冷やし中華がおいしかったのも思い出しました。

マグロ　創業以来注ぎ足しのタレを使ってるんだってね。僕は広東麺が好きだったな。

トロ　俺、チャーハンかな。神楽坂の『龍朋』(P.112)より好きかもしれない。

マグロ　ご主人、普段は寡黙ですけど、『やじ満』の話となると声が弾みますね。

増山　これぞ探検の醍醐味《だいごみ》！　あと、号数のきっちり揃った『漫画ゴラク』と、料理の丁寧さにお人柄を感じます。

半澤　ご主人の性格が、すみずみに行き渡った店ですね！

すずき●JR常磐線三河島駅から徒歩15分。11時30分～14時・17時～21時30分LO、第2・4月休（不定休あり）。荒川区東日暮里3-22-7　☎03・3807・0044

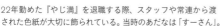

女主人中華

学芸大学

海新山

昭和42年（1967）創業

上上ラーメン1500円は醤油・塩・味噌の3種、トッピングはチャーシューか輪切りレモンを選べる。交番の奥にひっそりたたずむ店舗、ハードルが高く見えるが鉢植えなどのあしらいが実はガーリーだ。おかみさんの細腕による手作りの皮で提供される餃子400円は、皮にも餡にもコラーゲンが入ってプルプル。大皿には今もかつての屋号「三王飯店」の文字が残る。タレはおかみさんが作ってくれ、ラーメンに入れると味の変化が楽しめる。

青春真っ只中のおかみが作る若返りラーメン

町中華では、亡きだんなさんの味をおかみさんが継ぐこともある。『海新山』もそんなドラマが起こった店の一つだ。2008年ごろから厨房には渡部マサ子さんが一人で立つ。宴会料理、定食、なんでも得意だったご主人が体を悪くされたときは店をたたむことも考えたそうだが、ファンの声に後押しされ、マサ子さんは店を継ぐことを決めた。ご主人から継承したコラーゲンラーメンは、健康によいと評判。この一杯目当てに遠方からも多くの客がやって来る。奥深い味わいながら爽やかで、まさかのレモントッピングもスープにとてもよく合う。

一方で、マサ子さんはお店を守る傍ら社交ダンスにも熱をあげる。目下、パーティーに向け〝チャチャチャ〟を練習中だ。女性の年齢を活字にするのは気が引けるが、なんと現在77歳。ラーメンのアンチエイジング効果を自らで証明する女店主は、今、第二の青春を迎えている。(半澤)

マグロ　交番の脇道に看板が出てるんだ。半澤くん、よく見つけたねえ。

半澤　この立地、発掘した感がすごいですよね。

増山　見つけたとき、かなり興奮気味に連絡くれたよね！

トロ　ここはコラーゲンラーメンがウリなんだよね。そのときは、何食べたの？

半澤　１０００円の「スペシャルラーメン」です。今日はワンランク上の「上上ラーメン」もいきますよ！

マグロ　こんにちは、今日はお世話になります。

トロ　僕ら、町中華探検隊っていうグループなんですよ。

おかみさん　あら、マグロさんに、トロさんっていうの？　ふふふ。みなさん、店に入りにくいって、よく店の外でうろうろしてるの。

増山　道からちょっと奥まったところにありますもんね。

半澤　今日は上上ラーメンと、餃子もお願いします。

マグロ　壁の貼り紙に「コラーゲンで若さを保とう」って書いてある。

増山　「体重の減少」というのも気になりますね。あ、餃子にはクマザサが入ってるんだ。

半澤　餃子も健康志向なんですよ。

コラーゲンはご主人の残してくれた宝物

トロ　コラーゲンを使った料理は、おかみさんが考えたんですか？

おかみさん　うちのだんなが始めたんです。料理を作るときにコラーゲンを使うと、軽く仕上がるの。健康によくて元気が出るって、何時間もかけて来てくれるお客さんもいる。豚の骨、鶏の骨、野菜、しじみ、エビの殻なんかを入れて作るんです。「上上ラーメン」のスープは、90％くらいコラーゲンでできてます。

トロ　すごい！　コラーゲン自体を食べてるようなものだね。ラーメンで１５００円は勇気がいるけど。

半澤　ふふふ、スープは意外とすっきりした味ですよね。町中華とはいえコラーゲン代が入ってますからね。

マグロ　餃子のタレをラーメンに入れると味が激変しておいしい。

増山　本当だ！　このコラーゲンはどうやって開発されたんですか？

Perfume来店時の放映画像の下に見られる、達筆なコラーゲンの効能やメニューは、おかみさんのいとこの筆によるもの。

おかみさん　だんなが中国大使館のコックをやってたころに研究して、年配の大使が多いから胃がもたれないようにコラーゲンを使ったら、すごく喜ばれたの。

マグロ　そのときはまだ『海新山』はなかったんですね。

おかみさん　そう。今の店は30年になるけど、最初五本木で「三王飯店」っていう名前で10年やって、東中野に移った後、目黒通りで『海新山』って屋号に変えて、6年くらいやったかな。最初はメニューがいっぱいありましたよ。宴会料理もやってて、酢豚に巨峰や桃を使ってたの。

コラーゲンに特化するという独自のメニュー展開で、遠くからの常連客に支えられている。円卓に宴会料理時代の名残が。

半澤　店名の由来も気になります。

おかみさん　三は長嶋の背番号、王は王さんからとったの。『海新山』は、神戸のポートピアができたころで、海に新しい山を作るってことで、それにあやかって。

半澤　時事ネタが店名になったんですね！　おかみさんはいつからお一人で厨房に立ってらっしゃるんですか？

おかみさん　そうね、11年前かな。だんながいたころは忙しかったし、文句ばっかり言う人だったから嫌で仕方なかったけど、いなくなったらなんだかやる気が出てきて。

マグロ　ご主人、ハンサムだったんじゃないですか？

おかみさん　うん、割とね。

トロ　ダンスはずっと前からご趣味なんですか？

おかみさん　ううん、だんながいなくなってから。ずっとやりたくてやりたくて我慢してたの。

半澤　仕事も趣味も充実して、新たな青春がやってきたんですね。

おかみさん　いつも楽しいですよ。料理も、もっとこうしたらおいしいかなって考えながら作ってます。

半澤　お一人で店を守ってずっと研究されてるの、素敵だなと思います。

おかみさん　うん、これが生き甲斐《がい》ですね。ふふふ。

かいしんざん●東急東横線学芸大学駅から徒歩8分。12～15時・18時30分～21時（木は昼のみ）、水休（不定休あり）。目黒区五本木2-53-8　☎03・3719・7678

椎名町

十八番

昭和63年（1988）創業

手書きメニュー

四川肉そばと中華サラダ250円の想像と異なるビジュアルに胸躍る。店主の渡邉讓二さん・和子さん夫妻の仲睦まじさ、情報量の非常に多い外観も魅力だ。これが（得）肉ニラ炒500円！ 冷や奴など、中華メニューではない小鉢が付くのも町中華ならではのポイントだ。壁一面に貼られた夫婦合作のメニュー表は、一覧にしたほうがわかりやすいから、というお客さんの要望に応えたもの（P.12・147・149の写真のメニュー表の価格は現在一部変更になっています）。

印刷じゃ表せない！ 店主のソウル

さざ波に囲まれた「小辛」の文字、やや激しさを増した「中辛」の囲み、そして、見る者全てに「ものすごく辛いに違いない」という思いを抱かせる「激辛」の炎のようなあしらい。ここには、町中華を形成する一要素である、手書きメニューの魅力が余すところなく詰め込まれている。「唐がらし辛さ」という独自の指標も味わい深く、四川肉そば650円のメニュー名よりも、予想外の辛さにびっくりしないようにという店主の思いやりが前面に押し出されているのだ。

担々麺のような感じの料理かな？ という予想に反して、実際に現れた麺は唐辛子の粒が漂う餡かけ麺であった。どの店の料理にも店主独自の思想や歴史が詰め込まれているものだが、この四川肉そばほどそれを感じさせたものはない。ぜひこの文字を見つめながら、おかみさんの優しさとともに、味わってほしい。（増山）

増山　この店はとにかく手書きメニューが、素晴らしいんです！

半澤　四川肉そばの「激辛」の書き方がいいなあ。

トロ　外にある、電柱の手書きメニューの定食案内もいいよね。

マグロ　店内にはホワイトボードで同じメニューが紹介されてるんだ。この（得）っていうのはなんなの？

増山　定食の特徴を、一言で表してるんです。前来たときは（栄養）っていうのがあって迷わず頼みました。

トロ　手書きのメニューは、町中華の重要なポイントだよね。

マグロ　うちの近所にある『幸来』もメニューは全部おやじさんの手書きで、達筆ではないんだけど、味があるんだよ。「消費税はいただかずに頑張っております」っていう台詞《セリフ》も外壁に書いてあるので、お店が閉まっている時間帯も見えるの。

増山　おやじさんの顔が浮かんでくるようですねえ。

半澤　メニューといえば、今は無き大久保の「日の出」（P.64参照）が思い出されるなあ。ワープロで打ち出したメニューだけど、常連さんに頼んでたっていうエピソードが忘れられない。

トロ　あと、開店当時から使っている大きな一枚板のメニューだと、値段のところだけ手で書き替えてたりするよね。店主が頑張って撮った写真にラップをかけてあったり。

増山　「食べログ」なんかで町中華を探すとき、「内観」の写真をクリックしてそういうポイントを手がかりにしますよね。

「〇〇番」の店名にあらためて注目

増山　そういえば、数字に「番」って付く店が多いですよね。王さんの実家で有名な「五十番」とか。

マグロ　閉店しちゃったけど、曙橋には「三十番」があった。

半澤　その近くに「曙一番」もありましたね。

トロ　三鷹には、外に店名が出てないけど『一番』（P.166）があるよ。

マグロ　聞いた話では、電話番号の下2桁を店名にする例も多いらしい。

トロ　『十八番』さんは、どんな理由で店名を付けたんですか？

自動ドアのボタンに「♥ここ おす」とおかみさんの手書き文字がある。店内にあふれるおかみさんの優しさがここにも。

ご主人　新大久保の、明治通りと大久保通りの交差点の近くに「十八番」って店があって、そののれん分けで開店したんです。

マグロ　なぜ、新大久保のお店は「十八番」だったんですか？

ご主人　ちょっとわからないなあ、今は、そこの主人が栃木の田舎に帰っちゃったから。

入り口手前の電信柱も『十八番』の一部。日替わりの定食には(得)(栄養)という簡潔にして十分な案内記号が付される。

半澤　その「十八番」は、ご主人が初めて修業したお店なんですか？

ご主人　最初は地元の栃木で洋服屋の見習いをしてたんだけど、そこを辞めて東京に出てきて、保証人がいないから親戚の寿司屋に居候したの。そのあと立石の「満福」、次に板橋の「珍満」で働いて、最後が日本橋の「二葉」。どの店も、いまはみんな閉めちゃいました。10年働くと、都からお金を貸してもらえるんで、それで独立したんです。

トロ　そんなシステムがあって、のれん分けの店が増えていったんだ！　おかみさんとは、店で知り合ったんですか？

おかみさん　「十八番」のマスターのつながりで、お見合いです。

増山　お二人、すごく仲いいですよね。この大きなメニューも、おかみさんが書いた赤い字の上をご主人が丁寧になぞったそうで。

おかみさん　お客さんが、見やすいように作ったらって言うんで貼ってるんです。もう汚いから、書き替えようかと思ったんですけど……。

半澤　いえいえ、このままでいてください！

マグロ　そういえば、表に三輪車がありましたけど、あれは今も出前で使っているんですか？

おかみさん　そうなんです。使わないと車輪がダメになりますよって、自転車屋さんに言われて。

ご主人　仕事も、休むとかえって体の調子が悪くなるんだ。風邪引くの。やっぱり体が資本だね。

じゅうはちばん●西武池袋線椎名町駅から徒歩2分。12〜15時・17〜22時、不定休。豊島区長崎1-5-4 ☎03・3554・8839

路地の名店

大崎

平和軒

昭和2年（1927）創業

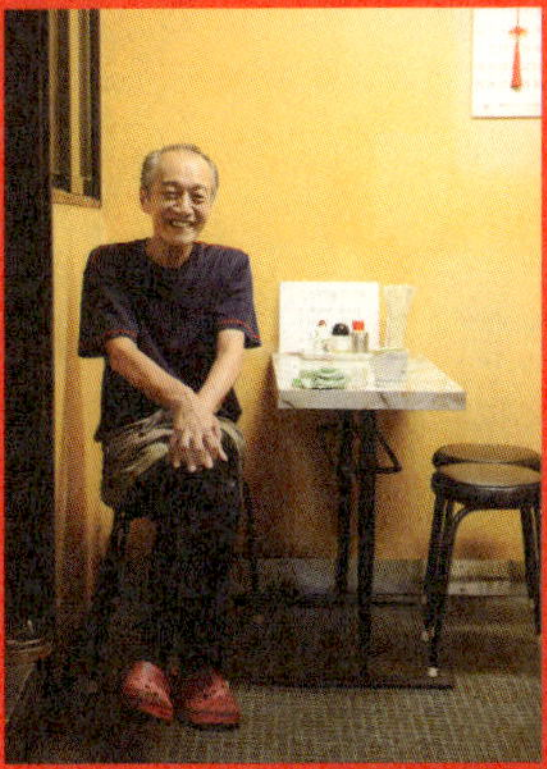

一番人気のチャーシューワンタンメン710円、玉子チャーハン660円。なんともドラマチックな外観。海鮮香る平和チャンポン710円。3代目の小林博明さんはとてもジェントルな雰囲気だ。中華皿にのるオムライス710円。「最近オムライスを見ると女に見える」というトロ隊長いわく、これは20代女性とのこと。取り皿の「平和軒」の文字の色が違うのは、埼玉の上尾にあった「平和軒」の閉店時にもらった皿が交ざっているため。

懐かしくていとおしい、路地の名店

大通りを左へ曲がり、さらに路地に入ると、いきなり空気が変わって映画のロケに使えそうな昭和感たっぷりな景色が出現。視線を上にずらすと、渋い書体の看板が目に入った。それだけで『平和軒』がずっとこの場所にあったことがわかる。もしも〝町中華絵葉書〟を作ったら、これほど絵になる店は少ないと思う。

のれんをくぐって店内に入ると使い込まれたテーブル、椅子。奥には小上がり席があって、親戚の家に遊びに来た気分で靴を脱いだ。しばし時を忘れ、昔から変わらないであろう味と向き合う。ここは常連客に支えられてきた店。納得できる味を目指して打たれた自家製麺が、ちゅるんと音を立てて喉の奥に吸い込まれて、やがて箸が止まらなくなる。初めて食べる気がしないのだ。スープも優しすぎず激しすぎずのちょうど良さ。こういう味に再会し、記録したくて町中華探検を始めたのだと改めて気付いた。(トロ)

トロ　『平和軒』は歴史の長い店だから、開業時からあるメニューを頼もうか。

マグロ　昔からあるメニューは、どちらですか？

ご主人　今のメニューは、ほとんど昔からありました。父と母が引退して、一緒にやっていた私の弟も店を辞めたので、一人では手が回らなくて大分削ったんです。

半澤　創業は、いつごろなんですか？

ご主人　祖父が昭和2年に目黒駅のそばで開店したのが始まりです。戦争から帰ってきたらそこに他の人が住んでいて使えなかったんで、五反田の駅のそばに移ったそうです。元々ここは住まいだったんですが、立正大学の目の前で店をやるのにいいという話になって、五反田の店はお弟子さんが継ぎました。目黒区中央町にもいとこがやっている『平和軒』があって、その弟の店が川崎に。西五反田には祖父の弟の系統の店があって、西小山もそちらの系統です。

増山　親戚のゆるやかなチェーンなんですね。

トロ　いい店名だよね。平和な時代だからこそずっしり来る。

ご主人　親戚に聞いた話で定かではないんですが、祖父が群兵《ぐんぺい》って名前で、昭和の和を取って、兵の字を平に変えて『平和軒』にしたそうです。

トロ　子供のころからお手伝いを？

ご主人　手伝いはしてませんでしたけど、自分の飯は自分で作れと言われて、そこから見よう見まねです。

増山　お料理をいただきながら続きを聞きましょうか。あ、オムライス、福神漬けが添えられてる。

マグロ　平和チャンポンは醤油餡かけ系じゃなくて、長崎チャンポン風の本格派だね。

半澤　MISO TOMATOは色物かと思いきや、うまい！

トロ　うん、マイルドな味だね。

マグロ　さっと茹でた、ポキポキ系のコシが残った細麺がいい。自家製麺なんですよね。

タバスコとともに提供されるMISO TOMATO 680円。カットトマトと味噌の相性のよさに一同は驚いた。

ご主人　はい。早く茹で上がるようにこの細さにしたんです。目黒でも私の店で作った麺を使っています。

半澤　スープは先代の味ですか？

ご主人　母が引退したとき大きく変えてます。スープのベースは濃くしたので、お客さんの9割はサラリーマンなんで、健康診断で引っかからないよう塩分や脂は控えました。

90年超の歴史はこれからも続く

マグロ　入り口ののれんも雰囲気があっていいですよね。

ご主人　店を閉める予定だったから作り替えてもなあと思ってそのままなんですけど、あれは撮らないでくださいね。

（そこをなんとか！と粘るカメラマン山出）

かつて住居として貸していたという奥の小上がりがここ。テレビも置かれ、町中華と知らなければ親戚の家の居間そのものだ。

ご主人　2020年までには店を閉めるつもりだったんです。昔からあった道路の拡張工事計画が復活して、もう立ち退いた方もいたんですが、ひとまず延期になったんですよ。

マグロ　当分、お店を続けられるんですね、よかった！

半澤　まさかなくなるとは思ってなかった大久保の「日の出」(P.64参照)も、ご主人の体調の問題で閉めちゃいましたしね。

トロ　この流れはオリンピックまでどんどん加速するな。とにかく町中華を見たら入れということですね。

ご主人　お客さんにはずいぶん助けていただいてます。常連の学生さんがお皿を下げてくれたり。

トロ　そういうのも、特別扱いされたみたいでうれしいもんですよ。

増山　閉店する場合、どこかで再開することも考えてらしたんですか？

ご主人　大学の職員の方に「校舎に空いてるところがあるからやらない？」って言われたりしますけど。それに、家では妻に料理をやらされますからね。

半澤　ご自宅だと中華以外のものも作るんですか？

ご主人　パスタとか、カレーとか。お客さんと違ってほめてくれませんから、厳しいですよ（笑）。

マグロ　これからもMISO TOMATOみたいな新作、楽しみにしてます！

へいわけん●JR・りんかい線大崎駅から徒歩6分。11〜15時、日・祝休。品川区大崎3-1-16　☎03・3491・3825

団地中華

豊洲

中華いちむら

昭和60年（1985）創業

米満夫妻により昭和60年に心機一転オープン。中華丼にミニラーメンまたはミニワンタンが付くAセット939円。肉キャベツ麺810円、中華ぞうすい788円、ギョウザ529円。優しい味からしっかり味を利かせたものまでバラエティー豊かな品揃え。本日の定食より、通称「ニラ定」850円をセレクト。メインとの相性次第で、味噌汁がスープに変わる。ライスは大盛りも可能だ。

団地中華はとても優しい味だった

単独で町中華を訪問することを我々は〝ソロ活動〟と呼んでいる。ゆりかもめ終点の豊洲へソロ活動に出かけ、歩きまわってみたけれど、めぼしい店は見つからなかった。そのことを増山隊員に話したら、豊洲には小学校の同級生の親御さんがやっている店があるという。そういえば、増山隊員は豊洲出身だ。

店名を聞いて、再び豊洲へソロ活動。ありました、大型団地の一階に。これは、知らないと見つけられないなぁ。初回の訪問でいただいたのは中華丼。町中華でいただく中華丼はたいていしっかりした味付けだが、こちらのは、優しい味に仕上がっていた。

なるほど、団地にある町中華は家族全員で利用することが多いから、お年寄りから子供までがおいしく食べられる、優しい味つけになっているのだね。(マグロ)

トロ　ここ、増山さんの同級生のご両親がやっているお店なんだよね。

増山　ハイ！　小学校の月曜の朝は「昨日『いちむら』行ってきた」って声が飛びかってました。こないだ来たとき食べた肉キャベツ麺がおいしかったんで、ぜひ！

半澤　日替わり定食と雑炊いいな。

マグロ　中華丼もおいしいよ。つけ麺も気になるなあ。

増山　じつは私、先日『いちむら』さんに来るまで団地中華に来たことが一度もなかったんですよ。

トロ　そうなの？　昭和のマンモス団地内にはお店が一通り揃ってたんだよ。その中には町中華もあって。

マグロ　うん、昔はあった。今だと戸山団地とかね。

半澤　押上の『復興軒』は、これぞ団地中華っていう店構えですよね。

マグロ　ここは豊洲の『いちむら』って肉屋さんが展開してたお店を引き継いだお店らしいよ。

半澤　肉屋をルーツに持つ中華屋もけっこうありますよね。

トロ　お、中華丼から来たよ！

マグロ　見た目からして味の優しさを感じるでしょ？

増山　この箸袋も効いてますよね。クールなフォントがいい。

半澤　食器の店名のかすれもいいな。

マグロ　出前で大活躍したんだね。今までに何回転したんだろう。

半澤　セットのラーメンも優しい味。この雑炊、しいたけの勝利だな。すげーうまい！

マグロ　この餃子、君好きでしょ？

トロ　うん。好き。全体的に団地シフトなんだね。家族でしょっちゅう来ても飽きない味。お客さん、大半は団地の方なんですか？

おかみさん　ランチは遠くの方もいますけど、夜は近所の方ですね。共働きで遅くなるから『いちむら』で食べてきて、とか、週末は家族で外食しようって奥さんが多いんです。

増山　昔は、家族で気軽に行ける豊洲のお店っていったら、『いちむら』さんとファミレスの『フォルクス』くらいでしたよね。

おかみさん　そうそう、だから「家族でよく来てた、○号棟の○○です」なんて言われたりします。

2016年からLINEをスタート！ クーポンやポイントのたまるショップカードなどがある。町中華では極めて珍しいサービス。

まだ駅もないころの豊洲で開業を決意

マグロ　表の看板、「甘味」の字が赤く塗りつぶされてますけど、以前は甘味が多かったんですか？

おかみさん　はい、前やってた方はあんみつやアイスクリームも出してたみたいです。

マグロ副長は前回「ピザありますか」と尋ねる外国人女性に遭遇。トロ隊長は後日デザートも頼めばよかったと後悔していた。

トロ　ご主人、修業はどちらで？

ご主人　最初は『銀座アスター』の東京タワー店です。その後は銀座の『東生園』に10年くらい勤めていました。

おかみさん　そこに出入りしてた酒屋さんから、豊洲に店を閉めるところがあって、内装もまだキレイだし道具も揃ってるからやってみたらって言われたんです。娘とまだ1歳の息子がいたんで悩んだんですけど。

ご主人　息子をおんぶしながら調理場に立ったこともありますよ。しんどいって聞いてたけど、いける気がしたんです。

トロ　それは英断ですよ！

おかみさん　当時まだ豊洲には駅もなかったんですけど、団地のお客さんや、今新木場に移転してるいすゞ自動車さんが来てくれたんです。

ご主人　あと、ここはホステスさんが近所の美容院で髪をアップにして銀座に出勤するホステス団地として有名だったんですよ。当時は伝票が貼り切れないくらい出前が入ってね。ちょうどバブルだったから。

マグロ　長く続けている街の中華屋さんだと、カレーなんかがあることも多いですけど、『いちむら』さんではそういう中華以外のメニューはやらないんですね。

ご主人　できるだけ中華でいきたいので、やっていないんです。どんどん変わっていく豊洲でなんとか生き残れてるってことは、その選択はまあまあ間違ってないのかな。

おかみさん　孫がラーメンを食べられるようになるまでは、まだまだ頑張らなくちゃね。

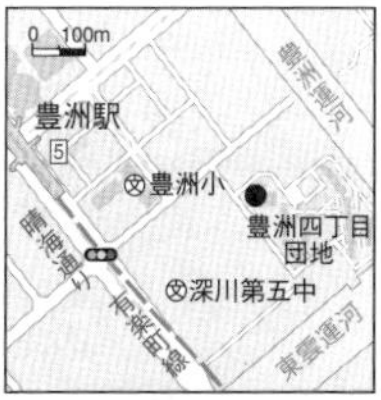

ちゅうかいちむら●地下鉄有楽町線・ゆりかもめ豊洲駅から徒歩10分。11時30分〜15時・17〜22時、月休。江東区豊洲4-10-1豊洲四丁目団地1F　☎03・3531・5613

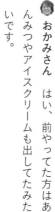

リーマン中華

神田

鶴の恩がえし

平成3年（1991）創業

スタミナニラレバ炒め定食800円、ビール500円。情報量の多い店頭には、店主・鈴木正毅さんのサービス精神があふれている。ピンクの電話もいまだ現役。雑誌が置かれると昭和というより平成を感じる。風にはためくのれんのそばに「野菜そば」の文字が。90年代初頭を思わせるフォントと色使い、これも町中華の典型のひとつだ。鶴の恩がえしラーメン650円。「厚切りチャーシューはどこでもやってる」と考えたご主人は、はまぐりをメインに据えた。

オトコ率ほぼ100%、これぞリーマン中華だ！

『鶴の恩がえし』。一度聞いたら忘れられない名前のこの店は、サラリーマンの街、神田でバブルがはじける直前に開店。混迷の時代を労働者たちに愛され、切り抜けてきた。客の大半は男性だ。昼は汗をかきかき中華を平らげる男たちの熱気であふれ、日が暮れるとビールの栓を抜く音が聞こえてくる。飲み屋が多い神田だが、中華で一杯という常連も多い。この街で働く人々に寄り添ってきた、まさにリーマン中華だ。

サラリーマンに支持される店だけありメニューはボリューミーでお得感が高い。「スタミナ満点でも食べ飽きない味」というこだわりも全メニューに共通するが、一番人気はニラレバ炒め定食だ。仕事後ならぜひビールと一緒にいただきたい！ 風味良いレバーをかっこむと白メシがどんどん進む。日本を動かす神田の男たちを支えるニラとレバー。食べるとなんだかやる気がみなぎってきた。（半澤）

半澤　以前に町中華探検隊でこの店の前を通ってるんですけど、僕がおすすめしても誰も反応してくれなかったんですよ。

トロ　いかにも町中華っていう店構えじゃないけど、看板やメニューのデザインが面白いね。

マグロ　手書きみたいで独特の文字だよね。本場キムチの「本場」とか、半チャーハンとか、なぜか意外なところが赤字になってる。

増山　自家製餃子の周りに、何かを消したような跡もあります（笑）。

半澤　目がいく場所がありすぎて、どれを頼もうか迷いますよね。「得＋得ランチ大サービス」はコスパ最強なんでぜひ！

マグロ　その中だと、牛すきと麻婆豆腐のセットが気になるな。

トロ　つまみがいろいろあるんだ。夏だし、ビールと一緒にいきたいね。

半澤　一番人気はニラレバ定食らしいんで、野菜そばと一緒に頼みましょう！

トロ　神田は飲み屋が多いけど昼はサラリーマンの昼食戦争だよね。５００円くらいの世界で競い合ってる。

半澤　団地中華の『いちむら』（P.１５４）とは対照的な、リーマン中華ですね。

マグロ　麻婆豆腐は山椒がしびれる感じじゃなくて、甘辛い日本風なんだね。レバニラも食べやすいし、全体的に優しい味。

増山　ごはんの黒い丼が金色の店名ロゴ入りなのもそそりますね！

トロ　俺、この野菜そば好きだわ。

からくりに満ちた店内はサービス精神でいっぱい

マグロ　それにしてもこのフォントは独特ですねえ。これは、開店当初からなんですか？

ご主人　平成3年に店ができてからずっと使ってます。

半澤　「オールタイム人気バカうけ元気定食」とか「男女人気No.１」っていうフレーズは？

ご主人　私が原稿を渡して、野菜そばだから緑色にしてって色も指定したんです。昔から外食産業をやってきたんで、看板屋さんに直接伝えました。ところどころメニューを赤字にしてあるのは、だまされたと思って食べてみてってことです（笑）。

最も一同の箸が進んだラーメンが野菜そば650円。あっさりしたスープにたっぷりのせた野菜炒めのエキスが溶け出す。

増山　自家製餃子の周りの跡は？

ご主人　これはね、目立つように星のマークを付けてたんですがそればっかり目立つようになって（笑）。だんだんはがれていってそれっきり。

半澤　ところで、『鶴の恩がえし』って、中華には珍しい店名ですよね。

ご主人　家内と相談して決めたんです。6店舗くらい展開している中華料理のチェーンで専務をやっていたんですが、独立したら、お世話になった人やお客さんに恩がえしをしなきゃいけない。ボロ儲《もう》けしなくてもいいから、長く続く店にしたいねって。子供がまだ小さかったんで鶴の恩がえしの昔話もしていたし。当時、OLが看板見て笑ってましたよ。そんな笑われるような名前かなって、複雑な気持ちでした。店名の由来はよく聞かれたんですが、そのときは悔しい気持ちもあって、もうちょっとみなさんから支持されたらお話しますって言ったら、じゃあそれまで待てばいいんだなって通い続けて常連になった方もいます。

トロ　平成3年っていうと、バブルがはじけるかどうかっていう時期ですが、勝算はあったんですか？

ご主人　成功しなかったら親子で路頭に迷いますからね。ごまかしのないものを出せば必ず支持されると思いました。うちはあっさり系の味で、安い油を使うとすぐバレるから、一番いい油使ってるんですよ。だから神田という場所を選びました。確かな味でサラリーマンに支持してもらったほうが、新宿や渋谷みたいな盛り場のお客さんを相手にするよりも長続きすると思ったからです。開店当時新入社員だったお客さんが今も同じメニューを頼んでくれるのが本当にうれしいね！　私もまだ頑張らなきゃって、お客さんに助けられてる気がします。

半澤　28年経った今も、恩がえし中なんですね。

7度の訪問を経た半澤隊員は同店を「つるおん」と呼ぶ。メニューやキャッチフレーズを見ているだけで盛り上がれる！

つるのおんがえし●JR・地下鉄神田駅から徒歩3分。11〜23時、日休。千代田区神田多町2-2 佐藤ビル1F　☎03・3254・2960

角中華

南行徳

喜楽

昭和53年（1978）創業

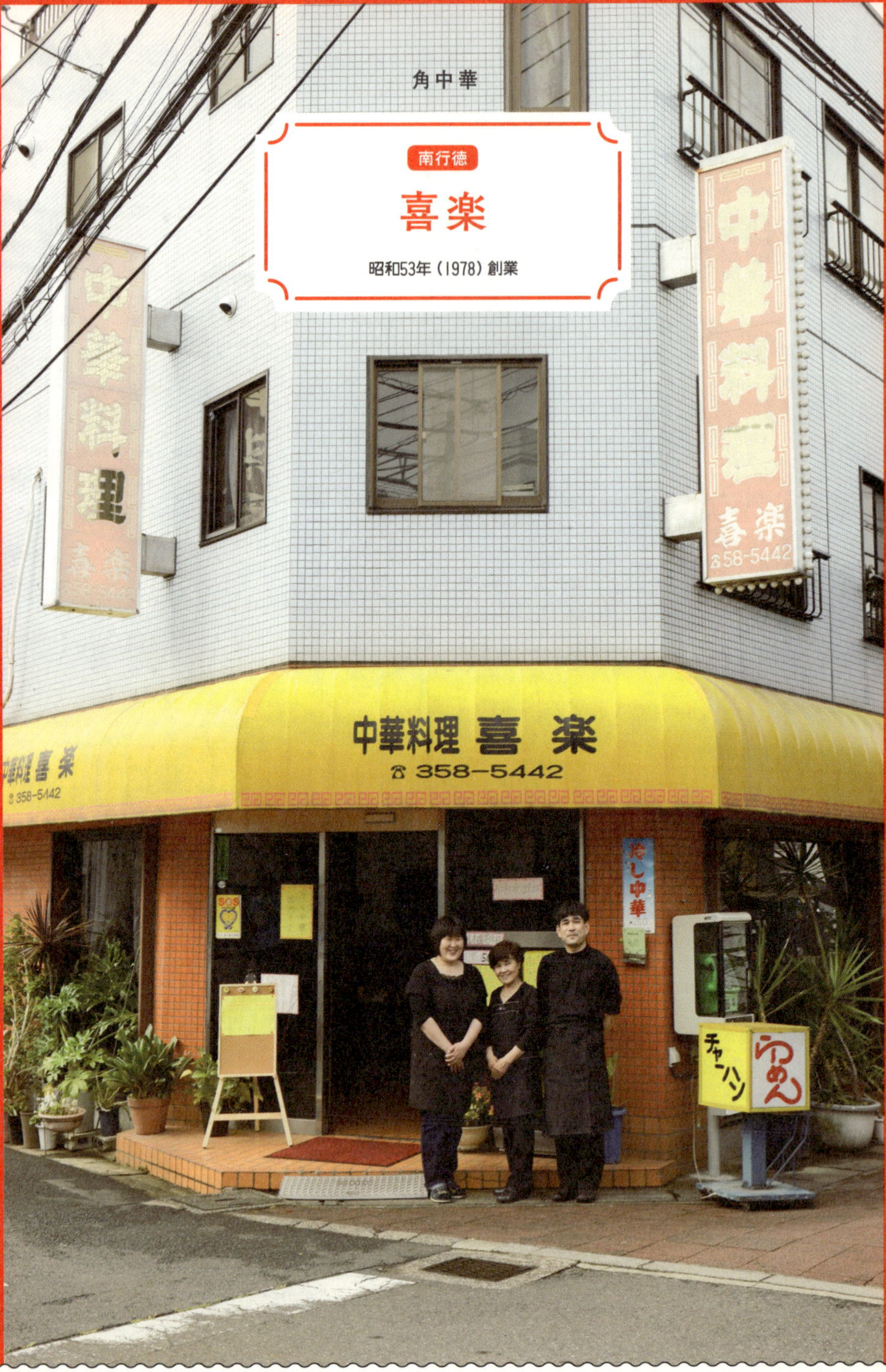

店主ご夫妻と、先代を支えたお母さん。金色に輝く看板には夜になると明かりがともり、帰路につく人々を誘う。オムライス750円、カツ丼750円、カレーライス600円。美しき三種の神器だ！ご主人がお気に入りのバンバンジー冷中華850円。ビール500円にはお母さんお手製のお通しが無料で付くうれしいサービスが。探検隊の度肝を抜いた迫力の全部のせネギみそチャーシューメン1000円の後ろに、うずら入りの上品な喜楽ラーメン550円。

黄色いL字に誘われ途中下車

数ある町中華の中でも特に好きな形態が「角中華」。L字という特殊な立地を前にして、人通りの多い面を選び入り口を構えるのか、両方の面に引き戸をつけたデュアルタイプにするのか。そんな選択に頭を悩ませたであろう店主の表情が浮かび、うれしくなるからだ。

『喜楽』は2辺に大きな窓ガラスを配し、角を切り落とすように入り口を設けるレイアウトを選択した。開店当時は畑に囲まれていたこの地を見てふと中華をやるべきだとひらめいたという先代、その景色に何を思ったのだろう。

そんなことに思いを馳《は》せながら、本当は中華メニューだけに絞りたいという現店主があえて先代の味を守った三種の神器を頼んでみた。キレイな紡錘形のオムライスにはチキンたっぷりのライスがぎっしり。この中にお父さんとの思い出がギッシリ詰まっているんだなあと、胸がいっぱいになってしまう。（増山）

マグロ いよいよ探検隊も、東京から飛び出したね。

半澤 テーブルの大きさや間隔が、都心よりもゆったりしてますね。

増山 つい飲んでゆっくりしたくなりますよね。三種の神器があるんで、今日は全部頼みましょう！

トロ おおー、三種の神器の縦列！壮観だなあ。オムライス、ずっしりしてる！

半澤 ごはんが茶わん2・5杯くらいありますよ！ 750円って少し高いかなと思ったけど、食べ切れないほどギュッと詰まってる。

マグロ カツ丼とカレーはちょっと甘めで、旨味もあっておいしいね。

半澤 この「全部のせ」すごい量ですよ！ この麺の太さも、味噌スープに合いますね。

トロ ご主人、この盛りのよさはすごいですよ！ どこで修業してたんですか？

ご主人 以前、経済産業省の中にあった中華レストランで働いてました。昼だけで400人くらい来るようなところ。料理長がすごく厳しくて、1品1分で作れって言われてお玉で頭殴られてる人もいましたね。

半澤 昔ながらの町中華の風景ですね。そこから、すぐこちらに？

ご主人 その後、板橋にも「喜楽」を出したんで、そっちでやってました。繁盛していたので戻る気はなかったんですが、10年前父が亡くなって、向こうを閉めて来たんです。

マグロ その間、このあたりはずいぶん変わったんじゃないですか。

ご主人 はい、開店当時あったのは畑くらいです。でも、駅と駅の間にうちしかなくて、すごく忙しかったですよ。ここを見た父が、中華なら成功するとピンと来て始めたそうです。

トロ おやじさんのカン、冴えてたんですね！ そういえば、店名にはどんな

揚げなすの酢醤油あえ400円、ネギとチャーシューのピリ辛あえ350円。安い、多い、うまい！

由来があるんですか？

お母さん 気楽にどうぞ、っていう気持ちで、お父さんと一緒に付けたんです。他にも「栄楽」とか、「楽天」とか候補があったんですけどね。お父さんはもともと中華の経験がなくて、それまで葛西のバスの車庫の食堂をやってました。

初代と2代目の異なるフィールドが交差

ご主人 僕の代からメニューを倍に増やして、スープも変えたんです。

半澤 ほとんど別の店になったようなものですね。先代から引き継いでるメニ

ユーってあるんですか？

ご主人　オムライスとかカツ丼とか、中華じゃないメニューです。僕はずっと中華だから正直抵抗がありましたけど、結構注文が入るんですよ。中華には自信がありますけど、そういうメニューはプロじゃないんで、父の味でやってます。

マグロ　そういう理由で先代の味を受け継いでるんだ！

暑い夏の日、探検隊を気遣ってアイスコーヒーを出してくださった。心配になるほどのホスピタリティーは郊外ならでは？

ご主人　外ではいい父親で通ってたけど、僕にはとにかく厳しくて、仕事の鬼でしたね。でも高校3年のころ、うちを継いでくれって頭を下げられて、僕はハンドボールの実業団に入るつもりだったんですが、急遽《きゅうきょ》、調理師専門学校に行きました。

お母さん　お父さん、陰では息子をすごく心配してたんです。でも面と向かうと、どうしてもね。

奥さん　父は主人には厳しかったけど、私はすごくかわいがってもらったんですよ。

増山　お母さんと奥さん、優しいから、お客さんにもファンが多そう！

お母さん　私はじゃまにならないようにしてるだけですから。

奥さん　いえいえ、お通しも、母が作ってますし。

半澤　お二人とも仲がよくて、素敵だなあ。

増山　店頭の植物も、お二人で世話されてるんですか？

お母さん　娘と一緒にやってます。

トロ　花に加えて金文字の看板も目を引くし、いい外観ですね。

お母さん　お父さん、店構えにはこだわってましたから。

マグロ　ラーメンの味は変わっても、その看板は変わらないんですね。

きらく●地下鉄東西線南行徳駅から徒歩8分。11～14時・17～21時、木休。市川市香取2-18-9 ☎047・358・5442

看板のない店

三鷹

一番

昭和52年（1977）創業

店頭に掲げられたのれんが中華料理店であることを伝える最小限のメッセージ。店主の寺尾敏郎さん。チャーハン550円、ラーメン500円、ギョーザ350円。ご飯の部、麺類の部、御料理の部の筆頭に掲げられた黄金の3品をセレクト。外観は武骨だが、店内の照明は喫茶店風であたたかみがある。1989年11月19日の時点では、写真のように「中華料理一番」とテントが掲げられていた。

看板はいらない、いつもの「角の店」

その店には名前がない。いや、あるんだけど看板が出ていないからわからないのだ。不思議に思って理由を尋ねたら、10年以上前、大雨の日に壊れてしまったという。「修理は面倒だし金はかかるし、そのままにしているんだよ」と、店主の寺尾敏郎《としろう》さんは澄まし顔。つられて笑いながら、これは町中華の本質を突いていると思った。地域の人を相手にする店にとって、大切なのは名前ではない。看板なしで困らないのは、店が街に溶け込んでいる証拠。〝南口の中華屋〟でも〝角の店〟でもいい。思い浮かべた瞬間に、味や佇まい、メニューの数々が脳内に再現されてヨダレが出そうになる。それこそが町中華の勲章なのだ。

30歳までに独立しようと修業に精を出し、三鷹に店を構えて42年。午後2時を過ぎたころ、杖をついた常連客のおじいさんがやってきてラーメンを頼んだ。この店の名前は『一番』という。(トロ)

トロ　このチャーハン、うまいなぁ。こないだ食べた硬いヤキソバはかなり濃いめの味付けだったけど、これはマイルドな味。

半澤　三鷹に来たらこのチャーハンを食べて、近くの『元祖ハルピン』とはしごするのもいいですね。

ご主人　よく言われるよ、チャーハンだけはうまいって（笑）。

マグロ　このお肉、ちょっと普通のチャーシューと違いますね。

ご主人　チャーハン用に塩味を控えて、チャーシューとは別に仕込んでます。炒めたらあとはちょっと醤油入れて味付けするくらい。

なにもない外観が長い歴史を物語る

増山　しかし、のれんがなかったら中華かどうかさえわかりませんね。

トロ　看板、台風で飛んでったって聞きましたけど、いつごろですっけ？

ご主人　10年以上前かなあ。朝来たら強風でガラスが割れてて、店名の入ったテントも落ちてた。しょうがないから引きずり下ろして解体して、梅田さんって常連の自転車屋さんに持っていってもらったんです。

マグロ　看板があったころの写真あります？

ご主人　ありますよ。地がオレンジ色で、白い文字で店名が書いてあったんです。このテントがなくなる10年前に、まずシャッターが下りなくなって。

半澤　さらに前段階があったんですね（笑）。

ご主人　開店時にあった袖看板がとてつもなくでかくて、1年経ったころ台風でぐらついて、消防士のお兄ちゃんにはしごで下ろしてもらったんだけど、そっからがケチの付け初めだ。次にシャッターが下りなくなって、まあいいかと思ったら、今度はテントでしょ。まあいいやって。

一同　（笑）。

トロ　常連さんにしてみたら、別に「角の店」でいいわけですもんね。

ご主人　そうです。うち『一番』で知ってる人、あんまりいないよ。角の、ってみんな言ってます。店名は秘密なのかってたまに言われるけど、秘密じゃない（笑）。見た目はあんまり気にしないんです。変な料理を出すのは嫌だけど、それ

これをおかずに白飯がイケるほどガツンとした味付けの硬いヤキソバ650円と、スブタ900円。どちらも大きな具がゴロッと入るのが魅力。

以外のことはいいんだよ。なんとかなる。

増山　メニューも、これやめちゃえ、なんてのが多かったんですか？

ご主人　メニューに所々隙間ができてるでしょ。そこ、やめたメニューが書いてあったんです。コピーして出た跡を修正液で消して使ってるの。以前は麻婆豆腐、八宝菜、五目焼きそばや蟹チャーハン、海老チャーハンなんかもやってました。

半澤　聞いた話ではお父さんが浜田山で寿司屋をやってたそうですね。

ご主人　おやじは古いよ。関東大震災のころは横浜の野毛山公園の寿司屋にいて、そのあとは要町。あのころは冷凍庫がないから毎日魚河岸で仕入れてたんだけど、お袋もおやじも倒れちゃって。親戚がラーメン屋をやってたからそのすすめもあって、浜田山にたまたま出てた売り物件でラーメン屋を始めたんです。それが今うちの兄貴がやってる『一番』。

増山　ご主人はそこで修業を？

ご主人　兄貴のとこでも勉強したし、表にも出てみたかったからいろいろ行きましたよ。初めは桜木町の「大野屋」。その後は中華街にある「東風楼」とか。その後銀座のフランス料理の店にも4年くらいいたかな。「もっと大きい店に務めたい」って言うやつばっかりだった。こりゃだめだと思って中華に戻ったんです。もう28だったし、30までに店出さなきゃって。

半澤　ラーメンに、フランス料理の要素が盛り込まれていたり？

ご主人　なんにもない。包丁の使い方を覚えたくらいです。その後、建売りを何十軒も探してここに決めたのが、昭和52年ですね。名前は兄貴が継いだ『一番』をそのまま使いました。考えるの面倒くさいじゃん。

トロ　じゃあ、今後、『一番』に看板が復活することは……。

ご主人　ないです（笑）。

2015年10月に探検隊の活動で三鷹を訪れた際、シブすぎる外観に入店を躊躇する隊員が続出する中、トロ隊長が迷わずこの『一番』に飛び込んだ！

いちばん●JR中央線三鷹駅から徒歩10分。11時30分〜15時・17〜21時、水休。三鷹市下連雀4-15-26
☎非公開

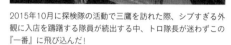

中国人が創業した店①

稲荷町

福来軒

昭和初期創業

回鍋肉定食850円。乾焼蝦仁1300円と四川本格麻婆豆腐900円。町中華では滅多にお目にかかれない香り高さにビールを頼みそうになった。2代目の姚廣雄さんと3代目の隆祥さん。一度メニューから外したものの好評のため復活したねぎそば。白髪ねぎと細切りチャーシューを自家製ラー油などであえ、辛さのなかに甘い香りが漂う。ネオ町中華といった風情の、ちょっぴり近未来的な内装。1990年に改装し、現在のモダンな雰囲気に生まれ変わった。

町中華ながら、本格志向の料理が充実

5年ほど前に稲荷町界隈に引っ越してきて、すぐにこの店を見つけた。ただ、ちょっと入りにくいオーラを出している店で、しばらく様子を見ていて、やっと入ったのは引っ越しから1年たったころ。入ってみれば、居心地がよく、料理もおいしい。以来、ランチなどで利用していた。ところが、2016年の2月、なんの前ぶれもなく、閉店の貼り紙がされていた。力が抜ける思いだった。

その半年後にうれしい復活の貼り紙、そしてご主人のイラストも店頭に張り出された。復活の日にお店にうかがうと、店内は常連客であふれていて、皆口々に復活してよかったと言う。

今の店主で3代目、休んでいたのは什器の入れ替えのためだったとか。今はホールを担当している2代目も、3代目の復活にはうれしそうだ。その光景を見る僕たちも幸せな気分になる。(マグロ)

トロ　この店はマグロさんのテリトリーなんだよね。

マグロ　うん、ソロ活動で何度も来てたんだよ。よく昼メシで通ってた。急な閉店でショックだったけど、再開したのが本当にうれしくて。

トロ　２０１６年は、急に店をたたむところが多かったからね。

半澤　マグロさんが回鍋肉を激賞してたから、僕もうれしいです！

マグロ　あれ、前はタンメンもありましたよね？

2代目　息子の代からメニューを絞ったんです。先代はカレー、親子丼、カツ丼なんかもやってたんだけど。

半澤　カツ丼はまだしも、タンメンをやめるってすごいなぁ。

増山　お店は、先代が創業されてるんですよね？

2代目　父は10歳ごろに中国からやってきて、浅草の『上海亭』で修業していたところ、ここでやってみないかと言われて昭和12～13年ごろに引き継いだそうです。古い華僑の人たちの、町の中華屋の走りですね。当時も同じ店名だったのかはわかりませんけど。10年くらい閉店後、私が30のころに店を継ぎました。父は店を3軒やっていて、私の一番下の弟が水道橋の『太湖飯店』、兄貴が大門の『福楽園』を継いでます。

増山　店名が違うけど同系統なんですね。あ、来ました、噂の回鍋肉《ホイコーロー》！

トロ　肉が厚くてでかい！　ごはんの炊き加減も完璧だな～。

マグロ　圧倒されるでしょ？

増山　焼き肉用みたいに肉がはっきりカウントできる！　キャベツだけでも主役級のうまさですよ。

半澤　お店によってはお肉が小さいこともありますからね。うめえ！

マグロ　回鍋肉は、最初から人気メニューだったんですか？

2代目　そうじゃないんです。若いころ、町場の高級レストランで勉強してたんですけど、当時そんな料理は認識されていなくて。今のような幅広い料理が普及したのは、昭和40年代からバブルのころなんです。

半澤　日本人の舌に合わせるのに苦労されたと聞いたんですが、そんな時代だったんですね。

2代目　私の代からソース焼きそば風だった焼きそばを餡かけに変えたんです。

現在は3代目が鍋を振るう。お湯でえぐみを抜いた豆腐を煮込まずさっと仕上げて麻婆豆腐に。

「麻婆豆腐こんなに辛いの？」とも言われたし、なかなか浸透しなくてね。

半澤　本格中華に転換するきっかけって、何だったんですか？

2代目　父親の商売が行き詰まってるんじゃないかって思ったんです。生意気な言い方すりゃね（笑）。私は外国人だし、日本の社会に進出するチャンスが少なかったから、親の商売を継ごうって気持ちが、子供心にもあったんじゃないかなぁ。

「客席の奥に厨房が見えるのもいい」とマグロ隊員。隣の人と肩が触れるような座席は、混雑時には相席スタイルに。

半年の充電を経て歴史はさらに続く

半澤　しかしどれもうまいなぁ。一瞬でも閉店の貼り紙があったと思うと、どきっとしますね。

マグロ　閉店後も元気なお二人を街でお見かけしたんですけど、結局、なぜ一度閉店されたんですか？

2代目　改装から20年くらい経って、調理場設備がダメになってきていたので、いったん閉めて先を考えることにしたんです。まだ息子も若いし、店を続けるスキルはあるから、一回充電して再開しようかと。

マグロ　閉店の1週間くらい前に、似顔絵入りの垂れ幕が登場してビックリしたんですけど、あれは？

3代目　看板屋の友達に店のことを話したら、別の友達が描いた絵で作ってくれたんです。

マグロ　そういうことか！　垂れ幕も、背中を押してくれたんですね。

3代目　設備を直すのにも協力してくれて、感謝してます。お叱りの言葉もいただきながらですが（笑）。

マグロ　再開しても、前と変わらないおいしさですよ！

3代目　作ってる人は変わりませんからね。以前やっていたねぎそばも復活させました。

半澤　本格路線で、ますますパワーアップするんですね！　タンメンも、復活しないかなぁ。

ふくらいけん●地下鉄銀座線稲荷町駅から徒歩５分。11時30分～14時・18～20時、土不定・日・祝休。台東区松が谷1-4-5　☎03-3841-3118

中国人が創業した店②

東京

中華博雅

昭和23年（1948）創業

名手が5秒で包む水餃子972円。餃子ライス972円。旨辛レバー、エビのマヨネーズ和え各1404円、XO醤と春雨炒め1296円。レバーが苦手な隊員も喜ぶうまさ！白身魚甜味ソース掛け1728円、香港チャーハン972円と紹興酒のソーダ割り「ドラゴンボール」486円で一杯。創業当時と大きく姿を変えた赤いテントが目印。外から見る以上に広い店内はいつもサラリーマンやOLでいっぱいだ。

驚きの水餃子、あなたは誰と食べる？

東京駅八重洲口の『博雅』は飲み中華としてサラリーマンに人気だが、実は中華デートに最適じゃないか。僕はそう思っている。デートではサプライズが重要、このタンメンにしか見えない水餃子は絶対に驚いてもらえるはず！ 野菜どっさりで女子ウケ必至だ。量が多いのでシェアが前提、二人の絆も深まる。餃子は皮も餡も絶品で食べ進めると皮が溶け、スープの味が変わるのも楽しい。昭和23年の開店以来変わらない、優しい味に感動してほしい。また、二人ならほかのメニューも挑戦可能。焼き餃子も頼んで餃子パーティーといこう。こちらも上品で女性好み、ニンニク抜きなのもポイント。ほかの料理もハイレベルでランチにもディナーにも使いやすい店だから、この店をサッと紹介できれば男としての評価は確実に上がるね。はてさて、僕は誰と来よう。巨大な丼を傾けて一人水餃子のスープを飲み干しながら、考えている。(半澤)

半澤　今日はみなさんにここの餃子を食べてほしくて来たんですよ。

増山　いつも『博雅』の餃子はうまいって言ってたもんね！

マグロ　以前、探検隊で東京駅を歩いてたとき、半澤くんがぜひ行こうって手を挙げたんだよね。

トロ　俺はその日行けなかったけど、ここはかなり古くからやってるの？

店長さん　昭和23年創業なので、もう70年になります。

トロ　もう70年かぁ！　開店当初からここでやってたんですか？

店長さん　はい、1階の壁に飾ってあるのが、開店当時の写真です。建物は建て替えてますが、場所は初めからここで営業してました。今の経営者で3代目。初代は当時中国から日本に渡って来て、自分で調理もしていたそうです。

半澤　横浜や浅草の『博雅』は系列店じゃないんですよね？

店長さん　はい、よく聞かれるんですが全く関係なくて、うちは支店を出してないんです。

マグロ　メニューは、当時からこんなにあったんですか？

店長さん　わたしと別に、ここで30年くらい働いてる経営者がいるんですが、80年代の終わりごろは餃子と水餃子のほかには野菜炒め、青椒肉絲、八宝菜、麻婆豆腐、かに玉とか、9品しかなかったって聞いてます。

増山　今は数十品あるから、ずいぶんとメニュー数が増えたんですね！

店長さん　よく来てくださるサラリーマンの方が多いので、飽きないようメニューを増やしてるんです。

初代のころから変わらぬ餃子の味を守り続ける

マグロ　水餃子とタンメンはそっくりだけど、このスープがまたおいしい。

店長さん　豚のゲンコツでスープを取ってます。注文が入ったらこのスープで野菜を煮込むんです。

そっくりな水餃子とタンメン。タンメン864円はキクラゲ入りなのが見分けるポイントだ。

増山　この野菜たっぷりのスタイルは、広東風なんですか？

店長さん　初代のオリジナルらしいです。餃子だけだとおなかいっぱいにならないから、野菜をいっぱい入れるようになったみたいで。

トロ　俺この水餃子好き！　皮がもちもちで、ニンニク抜きなのがいいね。

マグロ　水餃子の皮にスープの味がしみてるのもいいし、餡の味が溶け出して、だんだん味が変わっていくところもいいよね。

店長さん　皮はずっと浅草の「開化楼」

でうち専用に作ってもらってるんです。開店当時からずいぶんメニューは増やしたんですが、この水餃子と焼き餃子のレシピだけは変えてません。

半澤　この味がずっとサラリーマンに愛されてきたんですね。

増山　表カリカリ、裏ふっくらの焼き餃子も最高！　半澤さん、片方だけ頼むとしたらどうする？

こちらは創業当時の外観。落ち着いたモダンな角中華だ。博雅の文字の下に「廣東菜館」と書かれているのが見える。

半澤　選べねえなぁ。どっちも頼む！

マグロ　ランチのセットで、焼き餃子には麻婆が付くので、悩むね。

トロ　このエビマヨもうまいねー！　マヨが強すぎなくていい。

半澤　店長さんおすすめの旨辛レバーも、美しすぎますね！　見た目通りうまい！

マグロ　僕レバー苦手だけど、これはおいしい！　調味料の味付けだけでごまかしてない。

増山　本当だ！　下北沢の『丸長』(P.20)以来のおいしさかも。この春雨炒めも、XO醤が惜しげもなく使われててたまらないですね。

半澤　香港チャーハンには中華の腸詰めが入ってるんですね。こういう本格派の料理も捨てがたいけど、初めて来るなら、やっぱりまずは水餃子と焼き餃子の2つからいきたいですね。

トロ　日本人好みの、嫌いな人のいない餃子だよね。

半澤　初代のセンスがすごい。激戦区で今も残ってるのがその証明ですよ。

増山　70年も経って、日本人の味覚も変わってるはずなのにね。

マグロ　こうなると、ほかの『博雅』の歴史も気になってくるね。半澤くん、『博雅』究めたらいいんじゃない？

半澤　また『博雅』、行きましょう！

はくが●JR・地下鉄東京駅から徒歩３分。11時～14時30分・17～23時（土・日・祝は11時30分～14時30分・17～22時）、無休。中央区八重洲1-9-8 八重洲藤山ビル１F～B2　☎03・3271・6125

DJ中華

西大井

美華飯店

昭和41年（1966）創業

皿うどん840円、チャンポン780円。店主の井手智之さんと母・絹代さんが店を守る。パリッと揚がった春巻420円、もっちり皮の餃子520円にオリジナルラベルの清酒「美華ちゃん」800円（300㎖）を添えて。ほんのりハヤシ風のルーに醤油ダレの肉がのる焼肉カレーライス780円。豚のしょうが焼き単品680円は生姜濃いめ。

日曜日はテクノ飯店になる町中華

Twitterを見ていたら、町中華探検隊に取材にきてほしいという店のツイートがあった。

どんな店だろうかと検索してみたら、あー。知っているよ、この店。知り合いがやっている店じゃないか。しかも、Twitterでは、お互いにフォローし合っている。

15年くらい前になるだろうか、怪しいクラブイベントに出入りしていた時期がある。あるクラブでDJをやっていたのが彼だ。みんなは〝いでっち〟と呼んでいた。DJの腕がイケていたのか、どうかは覚えていない。

その後、会わなくなっても、SNSで彼の動向はぼんやりと知っていた。そうだ、彼の店へ行かなきゃ。僕は彼の店には行ったことがなかったのだ。行ってみて、食べて思ったのは彼が作る料理は旨かった。DJの腕は未だにわからないが、町中華の腕は間違いなくイケてるね。またくるよ、おいしいものを食べさせてね！（マグロ）

マグロ　ここは店主のいでっちがＤＪでもあって、日曜はたまにテクノなんかのＤＪイベントをやってるんだよ。

トロ　先代が長崎出身だからちゃんぽんと皿うどんがうまいんだ。

マグロ　あと、カレーチャーハンはカレー粉で炒めたチャーハンにカレールーがかかってたりとか、カレーアレンジメニューも充実してる。

半澤　定食も頼みたいな。しょうが焼きいきましょう！

増山　ちゃんぽん、うまーい！　皿うどんも具材がずっしり。

トロ　しょうが焼き甘辛でおいしい！　この味、久しぶりだなあ。

半澤　こないだも食べたけど、やっぱりカレーうまいわ。

マグロ　いでっちだけじゃなくお母さんも鍋振ってるんだよ。荻窪の『ことぶき食堂』（P.116）にも通じる、女の人の作る優しい味。

増山　この取り皿、店名の文字がいい具合にかすれててシブいですね。

ご主人　実はそれ、店が放火に遭ったときの焼け残りなんですよ。今の店は西大井の別のところから2003年に移ったんですけど、1990年、武蔵小山にいたころ火事に遭って。天井は焼けたけど内装や厨房はなんとか無事だったんで、次が決まるまで1カ月くらいテント張って営業してました。僕はその間お金を集めなきゃと思って、以前いた手打ちそばの店で短期で働かせてもらったんです。うちのおやじがいい加減な人で、僕が外で働いてるとうちで働けって言うし、戻ったら「外で働かないからお前はダメなんだ」って言われてたのを覚えてます（笑）。

お母さん　めちゃくちゃな人だった（笑）。

数えきれない店を経て店内イベントにたどり着く

マグロ　テクノ飯店になる前には、そんな時代があったんですね。お父さんとお母さんは高円寺で出会われたんですよね？

お母さん　はい、私が20歳のときに熊本から出てきて、高円寺の駅前にあった「星月」っていう店の店先の貼り紙を見て住み込みで入ったら、そこに主人がいたんです。

トロ　上京していきなりおやじさんと

2016年に行われた創業50周年記念イベントの様子。舞台に立つのは「T字路s」。（写真提供：井手智之さん）

出会ったんだ。

お母さん その後私は蒲田、主人は箱根湯本で働いて、新宿にいたころ結婚したんです。主人は中華の調理師会に言われてあっちこっち行かされて、町田や十条、山形や新潟にも行きましたよ。あまりにも転々とするから、家具類なんか茶ダンスが一つあっただけ！ だから主人も仕事終わると店先で飲むわけよ。店ならお酒でも何でもあるから。昭和41年にやっと店を構えられたけど、それまで何軒回ったかね。

半澤 朝ドラになってもいいくらいの人生ですね！ 店名にも、なにか複雑な歴史があるんですか？

ご主人 いえ、前のオーナーがやってたときの店名をもらったみたいです。

トロ 町中華によくある、勝手に受け継ぐパターンだったんだね。ちゃんぽんは最初からあったんですか？

お母さん 開店当時はなかったんです。あのころはラーメン、チャーハン、親子丼、カツ丼とかね。

増山 まさに町中華！ そこからどうやってＤＪイベントにつながるんですか？

ご主人 バンドをやりたかったんですけど、ＤＪなら機材があれば店でできてハコ代もかからない。店にも新しいお客さんが来てくれるからいいんじゃないかってことで、始めたんです。

マグロ お父さんがご存命のころからイベントやってたの？

ご主人 そうですね。反対も特になく。今ではテクノのほかにアイドル飯店、アニメ特撮飯店になる日もあるんですよ。アングラ系の世界では有名な方々を呼んでます。ダンサーの方に出てもらったり。

半澤 ワンドリンクの代わりに、ワンラーメンのイベントっていいなあ。僕もぜひ出させてください！

古くからの定番かと思いきや、実は最近始めたというしょうが焼きに引かれた一行。「僕もイベント出たい!」と半澤隊員。

みかはんてん●JR横須賀線西大井駅からすぐ。11時30分〜14時30分・18時〜22時30分、不定休。品川区西大井1-1-1 ジェイタワー西大井ウエストコートA-103 ☎03・3777・0213

タイガース中華

東池袋

サン浜名

昭和53年（1978）創業

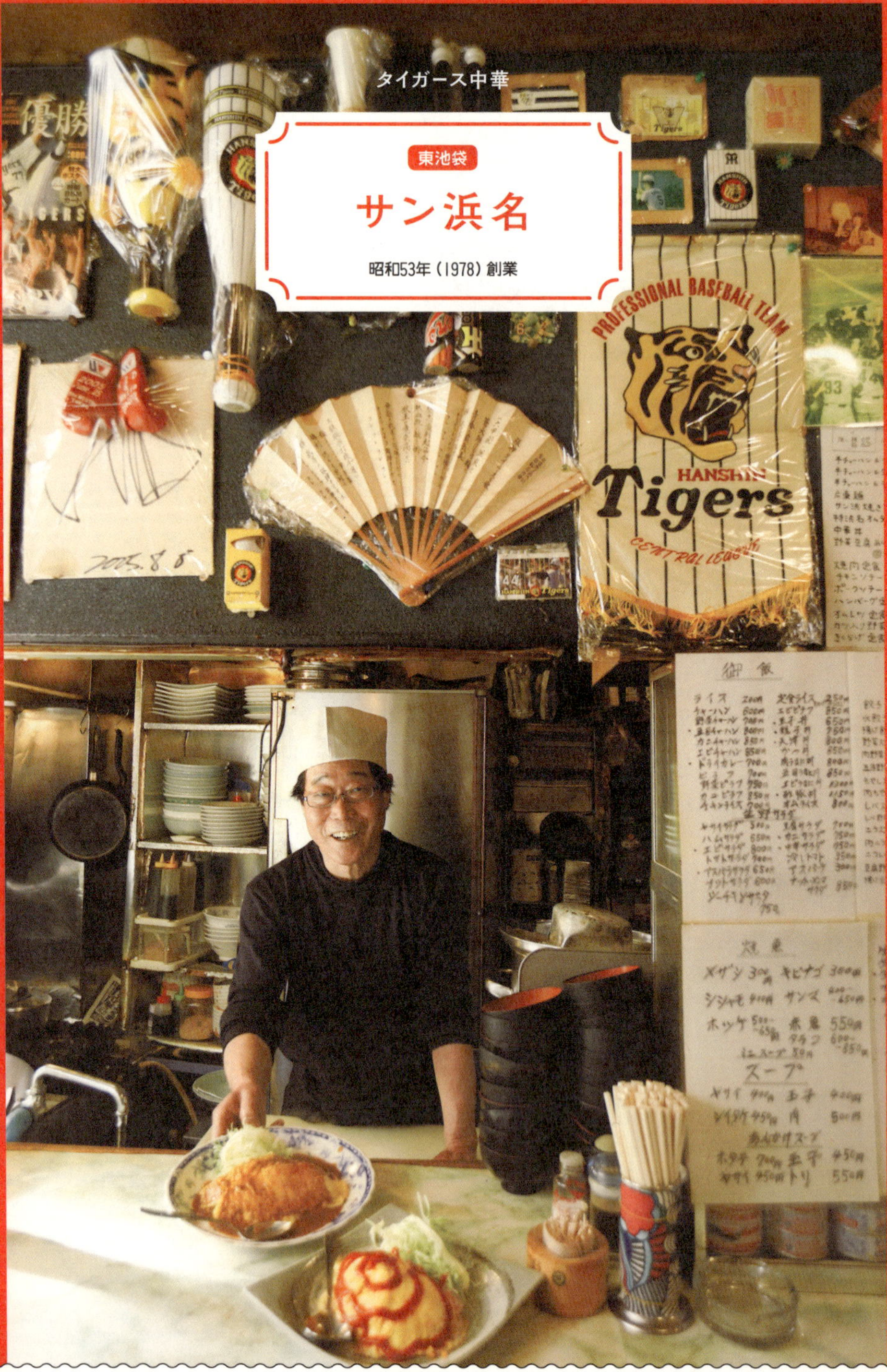

優しい店主、佐藤彰男さん。オムライス800円、特浜名オムライス850円。ホッケ500〜650円、焼酎水割りS400円。1階に和食店があるので見逃してしまいそうになるが、2階へGO！ 名前から想像する以上に具だくさんのきくらげ定食950円。味のり、おしんこに、味噌汁ではなくスープという変化球。メニューで「推し麺」と紹介されているサン浜焼きそば700円と広東麺700円。野菜たっぷりで意外にも優しい味。

あふれる虎グッズはお客さんとの愛の証し

外観、立地、三種の神器の有無……町中華を探すときに気にするポイントはいくつもあるが、この店でつくづく実感したのが「珍名の町中華にハズレなし」の法則だ。中華らしからぬカタカナ遣いの店名を見ると、きっと何かがある気がして吸い寄せられてしまう。

そしてその予感は、今回も的中した。うなぎ屋なのか町中華なのか判別しづらい構造、初めて訪れる人を試すかのような急勾配の階段、そして、見る者の目を捉えて離さないタイガースのシールが貼られたスタンド看板。初見でのアクの強さはかなりのものだが、店内を満たすのはあふれんばかりのタイガースグッズだけではなく、ご主人の野球愛と、お客さんへの思いやりなのだった。メニューや店のいたる所に、子供やお年寄り、他球団への配慮が感じられる。オムライスのふんわり玉子と、「の」の字ケチャップとともに、その優しさを頬張りたい。（増山）

トロ　オムライスの玉子、ふわふわでうまいねえ。

半澤　卵いくつ使うんですか？

ご主人　2つです。なるべく小さくまとめて、中をふんわりさせてます。

マグロ　どの料理も、優しい味。

ご主人　子供やおじいさんも来るので、誰が食べてもおいしいように。

トロ　タイガースグッズの数もすごいけど、漫画も多いなあ。

ご主人　最初に置いたのは『GO！GO！カケフ』って漫画ですね。子供のお客さんも来るんで、三国志とか徳川家康とか、時代物も揃えて。

マグロ　子供に合わせてなのか、本棚の目線が低くなってるんですね。

増山　タイガースグッズはいつごろから集めてるんですか？

ご主人　平成5年前後からかな。世話になった人が西宮に移ったので月1回くらい会いに行ってて、阪神デパートに行ったついでに買ってたんです。そのうちお客さんも持ってきてくれるようになって。

増山　油で汚れないように包んであるラップに愛を感じます！ご主人も野球やってたんですか？

ご主人　商店街の人たちと一時「パルス」って野球チームをやってました。でも子供のころ、王や長嶋の入団にまつわる汚い話を聞いて、野球が嫌になった時期もあったんですよ。でもその後、テスト生同然で入ってきた掛布を見てまた好きになって。

半澤　そこからここまで阪神推しの店になったんですね。

トロ　遠くから集まるファンも？

ご主人　遠くから来てくれる人もいるけど、他球団のファンも多いから、店の奥は阪神じゃなくて12球団のグッズを置くようにしてるの。

増山　ご主人の気配り、完璧です！

マグロ　1階の和食のお店も「サン浜名」って看板がありますよね。以前はメニュー提携もしてたとか？

『ゴルゴ13』はご主人の趣味によるセレクト。歴史漫画から少女漫画までカバーし、もはやちょっとした漫画図書館だ。

ご主人　義理の兄貴の店なんですよ。別経営になる前は、ここでうなぎ注文したり、1階でラーメン食べたりする人も多かったんです。

半澤　店が逆転するような瞬間もあったんだ！

トロ　お店は何年に開店されたんですか？

奥のテーブル席は野球色を薄めたニュートラルゾーン。そうめん、焼き魚、クリームソーダと幅広いメニューにも驚き！

ご主人　サンシャインシティができたのと同じ、昭和53年です。その前に親父がここで「太陽軒」って中華屋をやってたんですよ。もともと浜名湖で海苔漁をやってたんですけど、それが伊勢湾台風でだめになって、横浜に出てきて自分で作った屋台を引いてたんです。そこから池袋に移って店を始めたそうで。それが自分が小学校に上がるころだから、今から60年ちょっと前ですね。

父の遺志と故郷の名を新たな店名に託して

マグロ　「太陽軒」の由来って？

ご主人　親父が海軍にいたころ、船で年中太陽を見てたからじゃないかと思ってます。戦艦大和に乗っていて、親父とちょうど交代で出て行った人たちが沈没に遭ったそうなんです。『サン浜名』は、「太陽軒」じゃ古くて先はないと思って、太陽の「サン」に地元の「浜名」を付けた店名なんです。母親も、二つ返事でOKしてくれました。そしたら同じ年にサンシャインができてね。

増山　じゃあ、サンシャインは兄弟みたいなものなんですね。

半澤　また夜飲みに来て、カウンターでご主人の話を聞きたいです。

マグロ　探検隊の名前でボトル入れようよ！

増山　そうしましょう！お客さんと飲むことも多いですか？

ご主人　今はやめてます。店閉めてそのまま飲みに行っちゃうと、翌日がツライから。酒、たばこ、女性には弱いんです（笑）。

半澤　お店の端々から、お客さんもご主人が大好きなのが伝わってきます！

トロ　40年を迎えて、どうですか？

ご主人　自分の体が続く限りやった後は、誰かやりたい人に継いでもらえたらと思ってます。そのあとは、長年の夢だった、バイクで日本一周の旅にでも出ようかな。

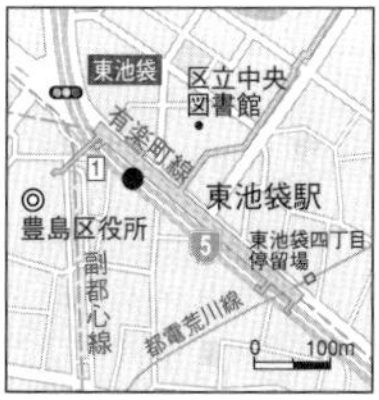

さんはまな●地下鉄有楽町線東池袋駅から徒歩1分。11時30分～14時・18時～翌2時、不定休。豊島区南池袋2-43-16 2F　☎03・3985・1767

前編 町中華関連産業を取材

町中華をつくるものとは？

既製品＋トッピングで店のメニューに

食品サンプル

サトウサンプル

［かっぱ橋道具街］

大正14年に創業した『サトウサンプル』は長年、町中華にサンプルを提供し続けている。長い歴史の中で革命的だった出来事は昭和40年ごろ、食品サンプルの原材料がロウから塩化ビニールに変化したことだ。これにより、部品を組み合わせたサンプルづくりが可能になった。ラーメンならば麺とスープの土台があり、チャーシューやメンマなどをトッピングできる。また、洗剤で洗えるようになったのも塩化ビニールならではのメリットだ。（マグロ）

地下鉄銀座線田原町駅３番出口から徒歩９分。９〜18時（日・祝は10〜17時）、金休。台東区西浅草3-7-4　☎03・3844・1650

代表の佐藤泰啓（やすひろ）さんと奥様の明子さん。ラーメンの土台（素ラーメン）は3333円。オーダーメイドは１万5000円ほど。

赤いのれんは昔から変わりません！

のれん

西村商店

［かっぱ橋道具街］

「のれんを守る」という言葉もあるように、のれんも町中華に欠かせない。オーダーメイドののれんを中華屋だけでも年に40件ほど手がける『西村商店』は、明治43年創業の老舗。オーダー品は４万円程度で作れるそう。「やはり中華屋さんは赤が多いですね」と４代目の西村健さん。写真の既製品は１枚8000円。この色に名前はなく「濃い赤」と呼ばれる。「味自慢」の文字も50年以上前から変わらない。定番の色と文字が長く愛されているのだ。（半澤）

田原町駅１番出口から徒歩５分。10時〜17時30分、土・日・祝休。台東区松が谷1-10-10 プレールドゥーク浅草松が谷1101　☎03・3841・6220

のれんはまっさらな生地を染料で染め抜いて作る。中華屋の場合、綿100％の生地を使うことが多い。あらゆる業種から発注があるそう。

数多くの町中華を巡るうちに湧き上がってきた「もしも自分で店を開くなら……」という妄想。理想を現実にするべく、まずは4つの〝町中華をつくるもの〟の世界をのぞいてみた!

食器

小松屋

[かっぱ橋道具街]

渦巻き模様「雷紋」入りのラーメン丼元祖といわれる『小松屋』ご主人いわく、ラーメン丼はほぼ岐阜県土岐市の駄知町で作られているそう。雷紋は中華に限らず九谷や古伊万里にも見られるという。一見手描きっぽい昔の丼の模様、実はほとんどゴム版で仕上げたところにちょちょいと筆を足したものらしい。「昔は屋台で手に持つ軽食みたいな感覚だったんでしょうね、今は7寸近い大きさが主流ですが昔は6寸でした」と、時代の変化もあるそうだ。(増山)

王さんの「五十番」もお客さん!

創業108年の小松屋3代目、本(もと)健太郎さん。現在は手描きではなく、転写シールを使って焼成する名入れ法が主流だ。

田原町駅3番出口から徒歩5分。9時〜17時45分、無休。台東区西浅草2-21-6　☎03・3841・2368

出前機

マルシン

[大東京綜合卸売センター]

昭和30年代に開発された出前機は、バイクで運んでも汁がこぼれない水平維持の技術でたちまち全国に普及。昭和40年に創業したマルシン製出前機は全盛期、月産300台にも達したという。町中華店の人手不足や宅配チェーンの台頭で売れ行きは落ちたが、いまでも根強い需要があり、部品を確保しメンテナンス需要にも応えている。「2017年に同業者が生産中止し、出前機メーカーはウチだけ。灯を消さないようがんばります」と森谷庸一代表。(トロ)

出前機最後の砦《とりで》はウチが守る!

中華用はバイクのサイドに装着する3型片付出前機4万7315円(取り付け台付き)。岡持ちをセットし、最大で丼10個を一度に運べる。

JR武蔵野線・南武線府中本町駅から徒歩15分。7〜15時、日・祝休(水不定休)。府中市矢崎町4-1 大東京綜合卸売センター内　☎042・364・0933

後編　建築のプロに設計を依頼！

つくるなら、こんな町中華

大島　今日はよろしくお願いします！

増山　建築家の方に描いていただけるなんて興奮です！　早速外観からいきましょう！

半澤　僕はまずのれんですね！　赤地に白はインパクトあるけど、白地に赤も素敵で……。

山出　『あさひ』（P.56）は紺に白。五連で真ん中に店名入りでしたね。「味自慢」もほしい！

増山　『七面鳥』（P.16）もそのタイプ！店名入りならオーダー？

半澤　取材で聞いたら4万円くらい。

大島　早速いろいろ出てきますね！

トロ　店の前には出前機がセットしてあるスーパーカブがほしいね。好感度2割増し。

増山　出前箱も並んでてほしいです。

トロ　植物の鉢が所狭しと置いてあるのもいい。客が勝手に「引っ越すから」って置いてってたりするの。

半澤　サンプルケースはマストで！

トロ　中に猫の置物もほしいね。

マグロ　僕はケースの中に、ランチの実物にラップしてあるのが……。これがサンプルの原形なんじゃないかなあ。

増山　店は角地にしたいです！

マグロ　住宅地の中に忽然《こつぜん》と、がいいね。『丸長』（P.20）さんみたいな立派なダクトがほしいです。

増山　扉は心の準備をして己の意志で開けたいので、手動がいいです。

トロ　まず多少偵察するからね。

半澤　置き看板はビールの名前入り。

増山　袖看板はお酒の名前がいいな。

山出　軒先テントはどうでしょう？

一同　シマシマがいいです！

マグロ　あとは、店内になきゃいけないものが外にある。新御徒町の『幸楽』みたいに冷蔵庫や電話が……。

トロ　……冷蔵庫は中でいいんじゃない？　まあ、〝全体的に過剰〟というのが町中華的だよね。

大島　『幸楽』さん、ペプシの看板がすごくかっこいいんですよね。

半澤　ペプシいきましょう！

増山　建物は木造モルタル2階建て。

トロ　ベランダがあってタオルとか干してある。住居一体型です。

増山　頑張って借金返してる感じがいいので、持ち家がいいですね。

大島　急に生々しいですね……。

マグロ　『すずき』（P.138）の外観も好きです。もともとここの店主が通ってたスナックがやめるっていうんで借りた店なんです。

増山　居抜き感はほしいですね〜。

大島　えっ、居抜きなんですか!?

トロ　居抜きで借りてそのまんま使うという力の抜けた感じがいいね。

描く人　**大島健二**
1965年神戸生まれの建築家。浅草橋にOCMという設計事務所を主宰し個人住宅、飲食店などの設計を手掛ける。著書に『下町の名建築さんぽ』（エクスナレッジ）などがある。

居抜き物件に詰め込む理想の町中華風景とは？

大島　さて、内装いってみましょう。

トロ　厨房は奥にあるのも好きだな。

マグロ　奥だと中が見えないからなあ。

もしも探検隊が町中華をつくるなら。夢と希望と現実を詰め込んだ町中華を、町中華密集地帯・浅草橋に事務所を構える建築家・大島健二さんに描いてもらうことに！

大島　中が見えるならL字かな。
半澤　厨房から人間模様が透けて見える「劇場型」！　いいですね〜。
マグロ　4人掛けのテーブルが3つはほしいね。カウンターは「ほんとは8席とれるけど7席」くらいで。
半澤　僕、テーブルは『五十番』（P.32）みたいな赤がいいなあ。
山出　カウンターは赤でもいいんだけど、テーブルは白が好きかなあ。
トロ　『大勝軒』（P.24）みたいのは？
マグロ　椅子は低い背のやつがいいです。カウンター下には漫画がきれいに並んでる。読み終わったからってお客さんが置いていくんです。
増山　下に工務店や修業先の店の名前が入ってる鏡がほしいです。
マグロ　メニューは絶対手書きだよ。
増山　私も。店のどこかで店主のおやじの筆跡を見たいんです！
トロ　短冊もいいけど、アクリルとかでドーンってやつもほしい。
増山　じゃあ、プレートは創業時からの、短冊は後からのメニュー？
トロ　増山さんの好きなおかみさんのかわいい演出とか入れたいね。
大島　奥さん手作りの座布団とか？
増山　ああ、好きです！　かぎ針編みみたいなのとか、花柄がいいです。床もかわいい模様がいいなあ。
トロ　土間もいいんじゃない？
大島　前の店のを剥がしちゃってね。
トロ　いいね！　あと奥に小上がりね。
増山　照明は色気を出したいです。居抜き感が出るじゃないですか。
半澤　「当時のモダンなオシャレ取り入れました」が見えるといいです。
増山　箸袋と食器の名入れはオーダーしたいです！　卓上メニューは？
マグロ　僕はいらないと思うんですけど。壁のみで、そのかわりどこの席からも見えるんです。
増山　黒字の中で目立つ〝謎の赤字メニュー〟作りたいです。店名が付いたのとか。ところで、店名は？
トロ　安易な感じの名前がいいよね。
マグロ　「十九番」とか「十三番」は？
半澤　この建物の前の店の名前を引き継いだ設定でいきたいです！
トロ　「散散《さんざん》軒」とかどう？
半澤　火の車感はんぱないですよ!?
増山　「散散亭」もいいなあ。
マグロ　「亭」いいね。落語家っぽいし。
トロ　「昼どうする？」「散散で」と。
マグロ　じゃあ名物は「散散丼」で！　散々な感じを出したいですねえ。
山出　うまいけど記憶に残らない感じ。
増山　卵は入れたい気がしますね。
トロ　あと、赤と緑はほしいね。
山出　ナルトをちょっとこう……。
マグロ　チャーシューは赤がうれしいなあ。緑はグリーンピースでごまかす。値段は400円で。
トロ　やってけないよ。500円！
増山　スープもつきます！
大島　これ、まとめるの大変ですよ。
増山　設計料、おいくらですか？
大島　……「散散丼」100日分？
トロ　常連客第1号、決定！　大島さん、後は頼みます！

←--- **果たしてどんな町中華が生まれたのか。次のページへ急げ！**

外観

カブの場所にもこだわり抜いた。あふれ出す生活臭も嗅ぎ取ってほしい。

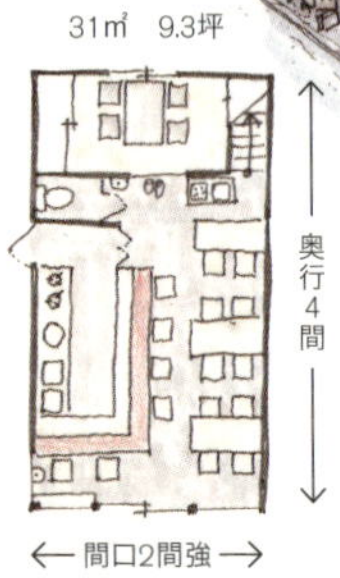

これが理想の町中華だ！

『散散亭』完成予想図

内装

入り口から奥の小上がりに目をやると随所に不統一感が。これぞ町中華。

散散丼 500円

玉子でそれとなく味をまとめ、「うまいが記憶に残らない味」を実現。

町中華さくいん【50音順】

町中華探検隊

北尾トロ
（きたお・とろ）

1958年、福岡県生まれ。法政大学卒業。裁判傍聴、古書店、狩猟など、体験をベースに執筆するライター。『裁判長！ここは懲役4年でどうすか』『猟師になりたい！』シリーズなど著書多数。長野県松本市在住。

下関マグロ
（しものせき・まぐろ）

1958年、山口県下関市生まれ。桃山学院大学卒業後、出版社勤務を経てフリーに。北尾トロ、竜超と共著で『町中華とはなんだ 昭和の味を食べに行こう』（角川文庫）。CSテレ朝チャンネル『ぶらぶら町中華』にトロと出演中。

半澤則吉
（はんざわ・のりよし）

1983年、福島県二本松市生まれ。学習院大学卒業後、印刷会社勤務を経てフリーライターに。人・食・物・旅についてあらゆる媒体で執筆する。朝ドラを中心にドラマ記事を書く朝ドラ批評家、ドラマライターでもある。

増山かおり
（ますやま・かおり）

1984年、青森県七戸町生まれ。早稲田大学卒業後、百貨店勤務を経てライターに。食、街、サブカルチャーなどについて執筆。著書に『東京のちいさなアンティークさんぽ レトロ雑貨と喫茶店』（エクスナレッジ）など。

山出高士
（やまで・たかし）

1970年、三重県生まれ。高校卒業後に上京、梅田雅揚氏に師事し1996年に独立。『散歩の達人』には1997年5月号より参加。『目でみることば』（東京書籍）や『もにゅキャラ巡礼』（扶桑社）でも写真を担当。

町中華探検隊がゆく！

2019年2月20日　第1刷発行

著者	町中華探検隊
デザイン	細山田光宣、松本 歩（細山田デザイン事務所）
DTP	横村 葵
構成	増山かおり
撮影	山出高士
	本野克佳（七面鳥 P.17右上・右下）
	金井塚太郎（餃子の王さま／サトウサンプル）
	オカダタカオ（代一元 本店／マルシン）
イラスト	オギリマサホ（2章）、大島健二（散散亭）
地図	株式会社国際地学協会
編集	渡邉 恵
発行人	横山裕司
発行所	株式会社 交通新聞社 〒101-0062 東京都千代田区神田駿河台2-3-11 NBF御茶ノ水ビル 編集部 ☎03・6831・6560 販売部 ☎03・6831・6622
印刷／製本	凸版印刷株式会社

ISBN 978-4-330-94219-3